天台四教儀集註

蒙潤大師◎著

天台四教儀者。實教門之要道也。
自昔至今。註釋者眾。
或略而不備。或博而太繁。矧又節去正文。
但標初後。苟非精誦者。
莫之能閱也。今集諸部之文。
註於其下。將無便於披覽者歟。

時教圖

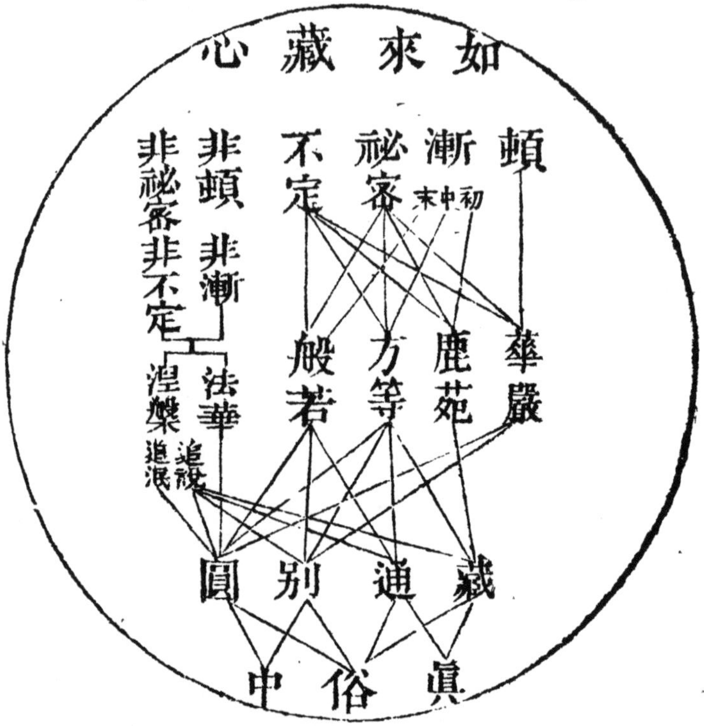

妙樂頓等四教是此宗判教之大綱藏等四教是一家釋義之網目若消諸教但用藏等其文稍通若釋法華無頓等八舉止失措

釋籤依如來藏同體權實大悲願力隨順物機不獲已而用既機宜不同致法有差降從一實理施出權理權實二理能詮教殊故有四種差別教起

天台四教儀集註序

天台四教儀者。實教門之要道也。自昔至今。註釋者衆。或畧而不備。或博而太繁。剟又節去正文。但標初後。苟非精誦者。莫之能閱也。今集諸部之文。註於其下。將無便於披覽者歟。其間一一與諸家有同異者。蓋述所聞於先德。非任胸臆也。若夫文末正修。初乘觀法文雖簡約理亦備焉。諸新學人究心於兹。忘言忘思。筌罤俱擲。奚以是爲然能爾也則無適而不可。亦豈離是云乎哉。時元統甲戌夏五。南天竺白蓮華沙門蒙潤謹序

天台四教儀集註卷第一

南天竺沙門　蒙潤　集

天台四教儀

天台山名也。天者顚也。元氣未分。混而爲一。兩儀既判。清而爲天。濁而爲地。此本俗名。且依俗釋。台者星名也。其地分野。應天三台。故以名焉。如輔行一上十七此山卽大師棲身入寂之所。蓋以西方風俗。稱名爲尊。此土避名爲敬。故以此處顯其人也。復以人命家。則天台爲宗矣。今題意在焉。四教者。別文明化儀化法。有平入教。今但言四教者。以通名立題義攝兩種蓋非化儀無以判非化法無以釋一書之旨莫越於斯教者聖人被下之言亦詮理化物爲義問或約化儀立題乃據籤文化儀四教文義整足任運攝得三藏等四爲證或謂須宣藏等以爲頓等謂化儀無體又謂頓等四教古師亦用藏等四教起自天台以此爲化法立題今何以從通名耶答化儀化法有體無體或彼此相攝文各有意皆不爲此立題而設況古師所立頓等與今不同故妙樂以頓等藏等爲天台一家判釋之綱目今此一書既明判釋立題四教豈偏屬乎儀

者天台一家四教判釋儀式也。文末既云自從此下。畧明諸家判教儀式。顯今一書。明判明釋在乎天台。豈可謂如來施化次第儀式耶。

高麗沙門諦觀錄

高麗東夷國名。沙門。此云勤息。謂勤行衆善。止息諸惡故。又沙門。復以釋爲姓者。始於晉安法師也。後增一阿含來此土。云。四河入海。同一鹹味。四姓出家。皆名爲釋。文顯性錄。以四句揀云。一是沙門非釋子。出家外道。二是釋子非沙門。在家釋種。此王種之釋也三是釋子是沙門。兩土之僧。此四姓出家通稱爲釋四非釋子非沙門兩土之俗四句揀之無遺矣或謂是釋子是沙門乃釋種出家且梵土餘種出家及此土之僧皆稱沙門釋子為何句收耶錄謂觀師抄錄台教綱要也

天台智者大師

拾遺記云天台樓眞之處智者者隋主所稱大師羣生模範亦帝王大臣所師也」

以五時八教判釋東流一代聖教罄無不盡

五時八教本是如來所說之法大師依義立名用此判釋一代聖教故云以也然上天台智者乃能

判能釋之人。東流聖教。乃所判所釋之法。五時八教乃判釋之儀式也。葢天台準法華意。判釋諸經。如籤文云。判釋準乎部教。部教之義。唯在法華。判謂剖判。釋謂解釋。妙樂云。頓等是此宗判教之大綱。藏等是一家釋義之綱目。如以化儀判華嚴爲頓。以化法別圓解釋。乃至判法華爲非頓非漸以純圓獨妙解釋。

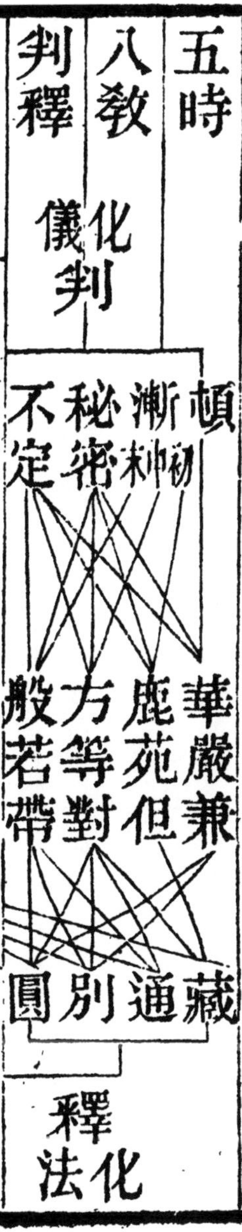

之圖

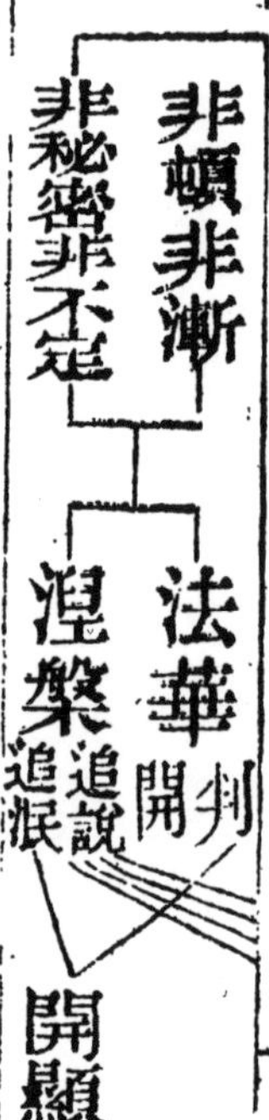

東流者。佛法自西而流東也。代者。更也。如來五十年說法為一代。今以五時八教判釋無遺。若爾。妙玄何云奈苑之前。不預小攝耶。須知妙玄約時破古。謂說提謂經時。乃未轉法輪已前。未有僧寶。故破古師。不應於鹿苑前別立提謂為人天小教。若約法收經。則如四教義云。三藏明世間布施持戒。禪定。卽是人天之教。竝正因緣所生善法。此已為三藏所攝。故先達云。約時破古。不當五時所收。約

法收經義當三藏所攝也

言五時者。一華嚴時。

從經題立時。雖歷七處八會（新經九會）祇是一經。因行如華。莊嚴果德。具云大方廣佛華嚴經。此人法譬三具足立題。更有單三複三。

七種
- 單三
  - 人——佛說阿彌陀經等
  - 法——涅槃經等
  - 譬——梵網經等
- 複三
  - 人法——文殊問般若經等
  - 法譬——妙法蓮華經等

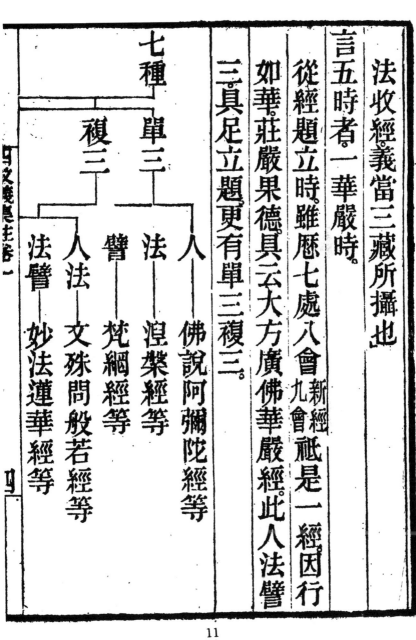

立題「具足一┬人譬─如來獅子吼經等
　　　　　　└人法譬─大方廣佛華嚴經等

舊經晉譯。五十卷。或六十卷。成。新經唐譯。八十卷成。若龍宮三本。上本十三千大千世界微塵數偈一四天下微塵數品中本四十九萬八千八百偈一千二百品下本十萬偈四十八品。今但有三十九品。如釋籤十十八舊立四種華嚴。祖無顯文。考大師荊溪之意。則有約時。約處。約理之不同。約理則曰法界。約處或曰寂塲。約時曰三七日。或時長盡未來際。何得認此名言。便謂華嚴有四種之別。且其間於義有妨。不應以後分時長華嚴。而爲寂場。又不應將通五時中。通後之義爲時長也。
問。華嚴時長爲至何時。答。如妙樂云。義當轉教時
也。經家。取後分部類相從結歸前分華嚴部內。此
即通五時中。文通之類也。若般若明華嚴海空及
日若垂沒餘輝峻嶺。與夫蓮華藏海。通至涅槃之
後。此於他部。明華嚴義。不可結歸本部。乃通五時
中。義通之類。非時長也。

二鹿苑時

從處立時。說經雖多同一處。故乃如來昔生垂化
之地。緣如輔行七上。羣鹿所居。故名鹿苑。從樹爲名。

亦名柰苑。二仙所居。亦名仙苑。

說四阿含

阿含翻無比法。妙玄十初云。增一。明人天因果。中明眞寂深義。雜明諸禪定。長破外道。而通說無常。知苦斷集證滅修道。文

三方等時

廣談四教。均被眾機。說經既多。處亦不一。故約法立時也。若普賢觀稱方等者。從理得名。如釋籤十八十五云。此以理等。名方等典。若止觀二十八云。四門入清涼池曰方。所契之理曰等。此約行理合論。今是

生酥調斥之方等。義應屬事。

說維摩

具云維摩詰所說經。人法立題。此云淨名亦翻無垢稱。

思益

具云思益梵天所問經。綱明菩薩答。

楞伽

翻不可往

楞嚴三昧

楞嚴翻健相。三昧翻調直定。亦云正心行處。

金光明

金卽法身。光卽般若。明卽解脫。單法立題。玄文順古。復約譬喩一釋。格他譬法不周。其如經題是法非譬。又不可以被利鈍機。雙存法譬也。

勝鬘等經

具云。勝鬘獅子吼一乘大方便方廣經。勝鬘夫人。卽舍衛國。波斯匿王女。末利夫人所生。爲踰闍國王妃。

四般若時 說摩訶般若光讚般若金剛般若大品般若等諸般若經

從經題立時。般若。翻智慧。般若尊重。智慧輕薄。卽五種不翻之一也。摩訶翻大多勝。以多含故不翻。
光讚經云。於是世尊。從其舌本悉覆佛土而出無
數百千光明。照三千界。其光明中自然而植金蓮
華。其蓮華上。各有諸佛。講說此經。光即光明。讚即
講說。即大品上帙。金剛從喻立名。以金中精剛能
斷難斷。喻般若斷疑蕩相。亦名小般若。乃大部六
百卷中。第五百七十七卷。大品。輔行五上七云。大
品凡列法門。無不皆以五陰為首。等諸般若經者
謂等於小品。放光。仁王。天王。文殊問般若等。
五法華涅槃時

從經題立時。以此二經。同醍醐故。具云。妙法蓮華經。妙名不可思議。法即十界十如。權實之法。蓮華。譬上權實法也。涅槃具云。摩訶般涅槃那。此云大滅度。大即法身。滅即解脫。度即般若。即三德祕藏也。

是爲五時

結也

亦名五味

五時在大部中。或作五味列。故云亦也。五時說法頌云。阿含十二方等八。二十二年般若談。法華涅

槃共八年華嚴最初三七日
言八教者頓漸秘密不定藏通別圓是名八教
初總標不從漸來直說於大時部居初故名爲頓
中間三昧次第調停破邪立正鹿苑引小向大方等會
一切法皆摩訶衍般若故名爲漸不思議力同聽異
聞互不相知名秘密教聞小證大聞大證小得益
不同名不定教經律論三各含文理條然不同名
三藏教三乘共行鈍同三藏利根菩薩通後別圓
故名通教獨菩薩法別前藏通次第修證別後圓
教故名別教教理智斷行位因果滿足頓妙一切

圓融。故名圓教。

頓等四教。是化儀。如世藥方。藏等四教。名化法。如辨藥味。

化儀。化物儀式。化法。化物方法。義例五云。頓等四教。是佛化儀。藏等四教。是佛化法。

如是等義。散在廣文。今依大本。畧錄綱要。

廣文。一家教部。卽下文廣本也。大本卽法華玄義。今文所錄。通依一家廣文。如文末云。謹案台教廣本。的依大本玄義。如云。請看法華玄義十卷。初辨五時。五味。及化儀四教。然後出藏。通。別。圓。

此明今文抄錄之法。化儀屬部。故與時味兼明。化法屬教。故後別明也。

第一頓教者。卽華嚴經也。

此判部屬頓。

從部時味等。得名爲頓。

此釋出屬頓所以也。部唯約法。時兼法譬。味專約譬。最初說大。時味俱初。故得頓名。此下所謂如來等約部判頓。此經中云下約時判頓。涅槃云下。約味判頓。後準法華判也。

所謂如來初成正覺在寂滅道場四十一位。法身大

士及宿世根熟天龍八部一時圍繞如雲籠月爾時如來現盧舍那身說圓滿修多羅故言頓教

如來乘如實道來成正覺文句九一十初成正覺三七日說大化之始故曰初成離邪曰正背妄曰覺寂滅道場寂五住煩惱滅二種生死得道之場故曰道場即摩竭提國阿蘭若處處隨法轉名寂滅場四十一位圓教住行向地等覺別地已上證道同圓四念處云華嚴後無等覺者乃部中談位不可以此而難今文經前列眾也法身大士破無明惑得無生忍捨生身已居實報土受法性身故曰

法身。上求下化。建立大事。故曰大十宿世根熟。佛化眾生。種熟脫三。時時不廢。謂種在久遠。熟在宿世。脫在今日。天龍八部。天龍別名。八部總稱。總別兼舉也。天一龍二夜叉三乾闥婆四阿脩羅五迦樓羅六緊那羅七摩睺羅伽八人非人等。總結八部。龍鬼等得預法會者。乘急戒緩故。大師準涅槃經云。於戒緩者。不名為緩。於乘緩者。乃名為緩之文。遂開乘戒四句。

乘戒緩
- 一乘急戒緩—四趣聞法由乘急故
- 二戒急乘緩—人天著樂不聞法由乘緩故

急四句
- 三乘戒俱急—人天聞法悟道戒乘急故
- 四乘戒俱緩—四趣不聞法戒乘緩故

如雲籠月月喻教主具智斷二德初一至十五謂之白月智光漸增故譬智德十六至三十日謂之黑月邪光漸滅故譬斷德爾時如來指丈六身即境本定身也現盧舍那身現即現起盧舍那翻淨滿謂諸惡都盡故淨衆德悉圓故滿(自報)亦翻光明遍照(他報)亦名尊特亦名勝應新譯華嚴云毗盧遮那妙樂九(廿七)破云近代翻譯法報不分二三莫辨文然華嚴教主經疏諸文或云釋迦或云舍那者

蓋是釋迦現起舍那故也。而淨覺謂本是實報土身。應下二土。故解謗破云。汝執藏塵爲尊特相。樹下之身有此相否。故昇須彌山頂品云。爾時世尊。不離一切菩提樹下。而上昇須彌向帝釋殿。豈非華嚴是千百億應身所說。此身旣被別圓之機。見是尊特。何須獨指花臺受職身耶。文 蓋指千百億應身中。之一身所說。月堂云。境本定身。則是釋迦。機感見相。乃是舍那。此卽釋迦境本定身現起舍那尊特也。上品相好。下品尊特。二現言之正當須現圓滿修多羅約圓實部主說。釋籤云。華嚴頓部。

正在圓眞。兼中別俗。修多羅。翻契經。聖教之都名。

若十二部中。直說法相者。名修多羅。今非此意。故言頓教。結部屬頓也。

若約機約教。未免兼權。

機是所被。教是能被。機有別圓。教兼權實。輔行曰。約部約味。得名爲頓。部內之教。教仍兼漸。

謂初發心時。便成正覺等文。爲圓機說圓教。

此釋能兼之圓。如後釋。等文者。等於三無差別之文。

處處說行布次第。則爲權機說別教。

此釋所兼之別。凡經文。處處所說行列排布恆沙法門。歷刼修行。次第之義。皆別教也。今文欲顯部中。機教兼權。故指經中。別圓各說顯文爲證。若別圓間說。及分圓卽別。融別卽圓。義非一槩也。

故約部爲頓

此結從部爲頓。

約教名兼

此結部中。機教兼權。

此經中云。譬如日出先照高山。第一時

日譬於佛。光譬說教。照物譬被機。高山譬別圓衆。

此譬兼於機應也。若釋籤用兩經二義相成者。是智行云。若不用涅槃五味。則不顯華嚴演三成五。若不用華嚴三照。則不顯涅槃後之四味。皆從牛出。舊謂今家合四爲三。而諸文直作三照引經。何嘗云合四耶。又有以經中。譬如日月。出現世間。乃至深山幽谷。無不普照之文。謂是經文合四爲三。殊不知此文。只是照幽谷也。晉譯華嚴三十五。寶王如來性起品。文有四照。合法有五。今家約義引經。但作三照。又復義開平地爲三。用對涅槃五味。妙玄一。六八釋籤一。十七別行義疏記云。彼經預敘。一

代始終。故立譬云。猶如日出。先照高山。次照幽谷。後照平地。今家義開平地爲三。對於涅槃五味。文

經文四照　約義引經但作三照

三照五味相成圖

先照諸大山王——普賢菩薩等——高山—乳—旁追—華嚴
次照一切大山——聲聞
次照金剛寶山——緣覺
聲聞、緣覺——幽谷—酪—誘—鹿苑
然後普照大地——決定善根眾生、一切眾生——平地—義開平地爲三
　食時—生酥—體信—方等
　禺中—熟酥—領知—般若
　正中—醍醐—付業—法華

涅槃云。譬如從牛出乳。此從佛出十二部經。一乳味

牛譬於佛乳譬於教釋籤云此五味相生之文在十三卷聖行品末佛印無垢藏王菩薩竟云譬如從牛出乳乃至醍醐譬如佛出十二部經乃至涅槃十二部經頌曰長行重頌并授記孤起無問而自說因緣譬喻及本事本生方廣未曾有論議俱成十二名廣如大論三十三華梵名義具如妙玄六

此十二部經通論大小各具十二部別而言之小乘讓三存九小乘灰斷無方廣經說必假緣無無問自說雖有授記作佛者少此以小九望大三也玄文又以大九望小三者謂大乘根利無因緣

譬喻論議之三也。又以大一望小十一者。謂小乘但讓廣經一部耳。釋籤云。如上所說。一往赴機。據理應以通說爲正。

信解品云。卽遣旁人。急追將還。窮子驚愕。稱怨大喚等。

譬喻周中四大弟子。具領五時。今領華嚴文也。卽遣說華嚴敎。以擬宜也。約敎。理爲所依。智爲能遣。敎爲所遣。約人。師弟相望。佛爲能遣。菩薩爲所遣。傍人。約敎。理智爲正。說敎爲傍。約人。化主爲正。菩薩爲旁。謂加被四菩薩說四十位。法慧說十住。功德林說十行。金剛幢說十向。金剛藏說十地。是四菩薩。說此位時。並云佛力故說。故名爲遣。然加被四菩薩者。一表旁追義便。二彰主伴互融。急追將還。直將大教。擬宜小機。故云急追。昔有大種。故曰將還。況復性德本有。窮子。無大乘功德法財故驚愕。文句六廿一云。縱昔曾發。廢久不憶。卒聞大教乖心故驚。不識故愕。稱怨大喚等。文句六廿一云。小乘以煩惱爲怨。生死爲苦。若勸煩惱即菩提。即大喚稱冤枉。若聞生死即涅槃。即大喚稱苦痛。等者等於我不相犯。何爲見捉之文。

此領何義。

徵此信解品文爲領何等之義。

答諸聲聞在座如聾若瘂等是也。

答出華嚴擬宜也。謂有耳不聞圓頓教。故如聾。有眼不見舍那身。以不見故。不能讚歎。故若瘂。問。妙玄十三廿云。華嚴初分。永無聲聞。今何云聲聞在座耶。答。華嚴不入二乘人手。聲聞若聞華嚴。則非聲聞。故不可云有。若據華嚴擬宜小機。其最鈍根具經五味。故不可云無。是則顯對則無。無擬宜則有。今四大弟子。領解如來。擬宜之時。故云聲聞在座也。

所以摩訶迦葉。却敘小機蒙大擬時、迷悶躃地。若聾瘂文。出經後分。妙玄云。後分則有後分狀當聾瘂。況前分耶。故別行疏記云。以、後顯前機未堪大。昔慧覺謂。前分乃有根性聲聞。此則不可。若云聲聞根性義亦有之。如下文云。所謂二乘根性在華嚴座也。

第二漸教者。此下三時三味。總名爲漸。

次頓之後。總明三漸者。寢頓施漸也。

次爲三乘根性。於頓無益。故不動寂場而遊鹿苑。脫舍那珍御之服。著丈六弊垢之衣。

三乘乘以運載爲義。聲聞以四諦爲乘。緣覺以十二因緣爲乘。菩薩以六度爲乘。運出三界。歸於涅槃根性。輔行云。能生爲根。數習爲性。於頓無益。此三乘人。於華嚴座。不信不解。是故如來不動寂場而遊鹿苑。此顯雙垂兩相。二始同時也。脫舍那珍御之服。此明寢大施小。化儀次第也。約佛意則寢法華之實。而施權。據化儀次第。則寢華嚴之頓。而施漸。處說不動而遊。衣論脫珍著弊。文互顯耳。然若不明不動而遊。無以見二始同時。不明脫珍著弊。無以見寢大施小。此文曲盡如來妙應無謀設化之相也。舍那勝應尊特智定莊嚴故譬珍御。丈六劣應生身忍生法惱故譬弊垢蓋。法譬雙明也。示從兜率降下。託摩耶胎。住胎。出胎。納妃生子。出家。苦行六年已後。木菩提樹下。以草爲座。成劣應身。

此明小始也。本是圓佛。垂爲三藏。初成之相。故云示也。兜率翻知足。此天有內苑外苑。菩薩居內苑而降神也。然在六欲梵世七天之中。以佛常居中。故從彼下生。託摩耶胎。摩耶翻天后。淨飯王之后也。妙樂云。一切諸佛皆不在餘二賤姓。故尙尊貴時在剎利。尙多聞時在婆羅門。又濁難調時在剎利。清易調時在婆羅門。文托胎菩薩自右脇入。正慧托胎。小乘見乘白象貫日之精。大乘見乘栴檀樓閣等。住胎。若小乘八相合住胎在托胎內。合示小始垂化事迹非正明八相也。出胎四月八日。右脇降神。出瑞應經。納妃有三。一瞿夷。二耶輸。三鹿野。生子即羅睺羅也。佛出同居。示同人法。出家時年十九。二月十五日夜半。乘天馬踰城。苦行須六年者。文句七十九云。但諸佛道同。爲緣事異。釋迦苦行六年。草生攢脞。至肘不覺。諸天哭喚動地不聞。移座得道。彌勒即出家日成道。彼佛十刧猶不現

前非根有利鈍道有難易緣宜賒促應示長短耳
文輔行云六年苦行所以伏見爲調外道過其所
行文頌云十九踰城六苦行五歲遊歷三十成說
法度生五十年是則共當八十壽木菩提樹菩提
翻道佛於樹下成道故名道樹草座因果經說帝
釋化爲吉祥童子以草施佛坐以成道木樹草座
皆表三藏詮生滅故劣應對大乘勝應判爲劣也
初在鹿苑先爲五人說四諦十二因緣事六度等教
五人頌曰頞鞞跋提并俱利此三屬在父之親陳
如十力母之親初轉法輪先度此文句五 五 云問

何故初爲五人。轉法輪。答。人先見諦故。人是現見故。人爲證故。佛所行事業。與人同故。諸天從人中得善利故。人中有四衆故。妙樂五一三十　問雖涉五。意正在人。故皆以人答。文若唯就五人。應有三意。妙樂一六十　一酬釋尊行因本願。二赴五人。本願先悟。三報今日侍奉之勞

法華文句五

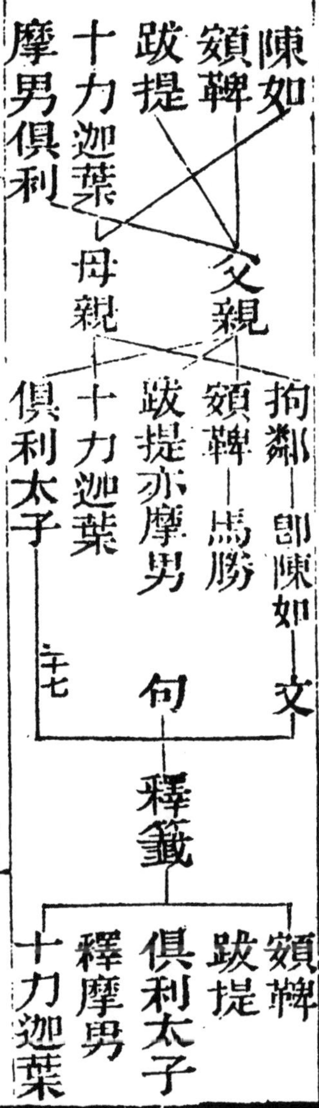

摩男長子之通稱。以摩訶翻大故俱利。斛飯王之長子。跋提甘露飯王之長子。故皆稱摩男。釋摩男卽陳如也。以四姓出家。同名釋氏。佛初成道。最先得度。在一切人天羅漢之前。如妙樂一三十七引分別功德論云。佛最長子卽陳如也。諦緣度三。具在下文。五人是聲聞。只應說四諦。今通舉鹿苑所說之法也。事六度者。三藏教談實有。事不卽理故。

若約時則日照幽谷第二時。

舊譯華嚴出現品云。譬如日月。出現世間。乃至深山幽谷無不普照。文輔行一上廿八云。幽谷者山川

之幽邃也。文

若約味。則從乳出酪。此從十二部經。出九部修多羅。

二酪味

從乳出酪。蓋譬如來施教次第。從頓施漸。相生之義。若約機者。濃淡在焉。如下文云。一者但取相生次第。二者取其濃淡。從十二部出九部。亦且相生。其實九部。從佛出也。

信解品云。而設方便。密遣二人。

聲聞緣覺。

形色憔悴。無威德者。汝可詣彼。徐語窮子。顧汝除糞。

而以方便方法也。便用也。善用其法逗會衆生。亦善巧之謂也。密遣文句六（廿三）云。初擬大乘云。卽遣旁人。表一實諦。一大乘教。一菩薩人。今明方便隱實爲密。指偏眞爲遣。約教隱滿字爲密。半字爲遣。約人內秘菩薩行爲密。外現是聲聞爲遣。約化儀寢大施小爲遣。小不測大爲密。文二人。文句六（廿三）云。四大弟子。齊已分領。不涉菩薩。故言二人。約法是因緣四諦。約理。是有作眞俗。約人。是聲聞緣覺。文今且約人。形色憔悴。文句六（廿三）云。二乘教中。不修相好。但說苦空無常不淨。卽形色憔悴。文（廿五）云。

內怖無常曰憔。外遭八苦曰悴。文無威德者。無有十力。四無所畏故。汝可詣彼徐語窮子。文句六廿四云。卽以小教。擬小機也。大教明理直實。故言疾走往捉。小教明理紆隱。故言徐語。文顧汝除糞。顧賃也。文句六廿四云。除苦集之糞。取道滅之價。文此領何義。答。次頓之後說三藏教。二十年中常令除糞。卽破見思煩惱等義也。

二十年中。用八忍八智斷見。合爲一無礙。一解脫用九無礙。九解脫斷思。總成二十。經中更有兩處明二十年初住。二乘位。轉大乘教。名爲於二十年中。執作家事。

從有二乘之機。而來感佛。故云。自見子來。已二十年。皆取二乘。各有十習。見思煩惱。分別曰見。貪愛曰思。止觀八初云。昏煩之法。惱亂心神。文此破見思。答。上除糞。糞能染污。故以譬之。謂污染眞理也。

次明方等部。淨名等經。彈偏折小。歎大褒圓。四教俱說。藏。爲半字教。通。別圓。爲滿字教。對半說滿。故言對教。

次明方等部。等。判部收經也。彈偏等明部意也。四教俱說等。明部中用教也。蓋以大斥小。逗大逗小。須四教故。收經雖廣。淨名有彈斥功。特標爲首。彈

偏折小。歎大褒圓。妙樂四三六十云。今家入字。判盡
經理。謂折小彈偏歎大褒圓。文 釋籤十二云。如觀
衆生品。即是歎大。稱歎文殊。淨名。即是褒圓。故令
小根恥小慕大。文 須彈斥者。蓋爲小機執眞保果。
取證入滅。故纔證小果。便堪彈斥。未必須在十二
年後。後因維摩示疾毘耶。佛令弟子詣彼問疾。故
皆述昔被訶。辭不堪往。此是述昔訶。乃密彈也。若
當座訶。如禮座去花等也。四教俱說方等說三藏
者。一爲彈斥之本。二爲橫來之機。如釋籤云。復有
漸中。初入小行。及俗衆室外。說無常道。輔行十四廿

云方等旁用三藏正用三教以斥二乘令二乘入密成通益不語菩薩者轉成衍中人也對半說滿以滿斥半也故雖兼斥大正在斥小釋籤引大經云譬如長者唯有一子心常愛念將詣明師懼不速成尋便將還以愛念故晝夜殷勤但教半字而不教誨毘伽羅論良由其子力未堪故毘伽羅論翻字本謂世間文字之根本即滿字也若合喻者半字謂九部經毘伽羅論謂方等典即滿字也此據方等以大斥小故以衍門三教之滿而對三藏之半若文句云無方等所對之三者乃顯法華部

妙。唯一圓乘不同方等。對三之圓也。

若約時。則食時。第三時

卽華嚴照平地中。初食時也。辰時毘羅三昧經。有四食時。早起諸天食。日中三世佛食。日西畜生食。日暮鬼神食。今是諸天食時也。

若約味則從酪出生酥。此從九部出方等。三生酥味

約教論相生。約機論濃淡。旣恥小慕大。如烹酪作生酥。

信解品云。過是已後。心相體信。入出無難。然其所止。猶在本處。

過是已後過鹿苑三藏之後卽今方等也心相體信父子互相體悉信順子信父故得果不虛父信子故聞大不謗入出無難文句六廿九云由是見尊特身聞大乘教名此爲入復被訶斥猶見丈六說小乘法名此爲出大小入出皆無疑難也文釋籤三廿三云不同畏懼王等之時故云無難文然而修空觀用事識見生身住權理修中觀用業識見尊特住實理今二乘人雖修空觀入見尊特者由業識故蓋事業二識爲見相之本故解謗云入見尊特功由業識教未開故且住草庵猶在本處猶居

羅漢果。保證眞空也。

此領何義。答。三藏之後。次說方等。已得道果。心相體信。聞罵不瞋。內懷慚愧。心漸淳淑。

已得道果。眞空寂滅之道。小乘羅漢果也。聞罵不瞋。妙玄十十八云。忝殃掘之譏。任淨名之折。內懷慚愧。釋籤云。謂受彈斥。令歎大自鄙。即其益相。心漸淳淑。密得通益也。

次說般若。轉教付財。融通淘汰。此般若中不說藏教。帶通別二。正說圓教。

次說般若等。明部意也。此般若中等。部中用教也。

轉教融通約法付財淘汰約喻所以令其轉教菩
薩意在二乘領知法門故曰付財二乘本所不知
但謂加被令說故曰轉教妙樂七二云於佛即是
付財二乘自謂加說故般若中云豈聲聞人敢有
所說有所說者皆是佛力由機未轉且言被加文
般若會一切法皆摩訶衍故曰融通以空慧水蕩
其執情故曰淘汰不說藏教光明記四三云諸部
般若廣示衍中三教空慧復以三藏為助道觀又
仁王般若說四無常偈恐其吝國正助合行帶通
別二正說圓教此約圓實部主而說蓋一代教主

意在圓。若輔行十廿四云。般若傍用通教。正用別圓。
加於二乘。密成別益。文 釋籤三廿三云。前於方等義
已成通。故至般若。唯須此二。明不共者說部意也。
卽不共般若意也。正用別圓。意雖不共。猶有方等新受小者至
此須通。亦有衍門。傍得小者。是故兼用。文傍用通教此
皆部中用教意也。共部。釋籤云。諸部般若。以但不
但二種中道不共之法。與二乘共說。例方等部非
無此義。以方等經多順彈訶。共義稍疎。般若於菩
薩。則成共說。此據三根解源

教
─通
─華嚴

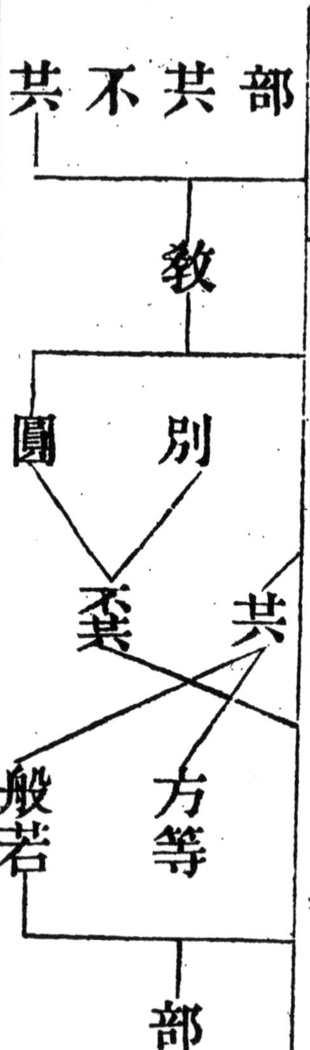

約時則禺中時。第四時

禺中說文云。日在巳。曰禺中。

約味則從生酥出熟酥。此從方等之後。出摩訶般若。四熟酥味

約教生熟二酥。相生次第。約機則二乘心漸通泰。

自知螢火。不及日光。敬伏之情倍更轉熟。如從生

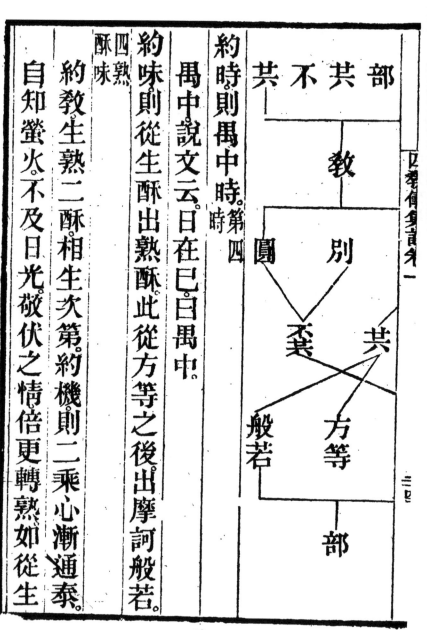

酥。轉成熟酥也。

信解品云。是時長者有疾。自知將死不久。語窮子言。我今多有金銀珍寶。倉庫盈溢。其中多少。所應取與。長者喻如來。世間長者具十德。如來具十號。有疾者法身無病。隨機權示也。自知將死不久。文句六廿九云。有機則應。爲生。機盡應謝爲死。今化機將畢應謝非久也。多有金銀。文句六廿九云。金即別教理。銀即通教理。大品所明眞諦。不出此二。而言多有者。理則非多。約種種門。亦得言多。文 妙樂七十九云。問。大品有圓。何故但云不出通別。答。一者但語通

別理已攝餘二。論能詮教必須具四。今且從理故云不出此二。二者。二乘至此多成通別亦且言之。文

珍寶者。文句六廿九云。勸學中明。一切法門皆是珍寶文

倉庫盈溢等。文句六廿九云。倉是定門。即百八三昧。庫是慧門。即十八空境也。通別兩種定慧倉庫。包藏一切禪定智慧。無所缺少。內充外溢。故云盈溢。

其中多少者。說於般若則有廣略二門。略則爲少。廣則爲多。自行爲取。化他爲與。文

此領何義。答。明方等之後。次說般若。般若觀慧。即是家業。空生身子。受勅轉教。即是領知等也。

般若觀慧妙玄十八云大品或說無常無我或說
於空或說不生不滅皆歷色心至一切種智句句
冋轉明修行法文即觀慧義也家業長者宅爲大
乘家諸珍寶爲不思議業妙樂七十二云前二云付財
今云付業財從所營業即造作皆是菩薩修德三
因之作業也名異義同故得互舉空生身子須菩
提翻空生解空第一舍利弗翻身子亦云鶖子智
慧第一受勑轉教受如來之勑命轉教菩薩即加
被說也以空慧爲入道之主故加二人輔行六上
十二云凡言加者加於可加須菩提空與般若空相

應相似是故佛加令其說空般若是智慧故亦加身子所以但加此二人也文領知妙樂二十八云被加爲奉命所說名領知名說爲領無別領也文此是熟酥益相得此益已義成別入淨名疏云大品二乘已有入假之義文觀音玄記上二十二云聲聞轉教密破塵沙文大品會法八十一科皆摩訶衍不會人而無希取一餐之意

已上三味對華嚴頓教總名爲漸

「總結漸中三味」

天台四教儀集註卷第一

天台四教儀集註卷第二

南天竺沙門　蒙潤　集

第三祕密教者如前四時中如來三輪不思議故或爲此人說頓或爲彼人說漸彼此互不相知能令得益故言祕密教

隱密赴機互不相知故名祕密釋籤一二云不定與祕竝皆不出同聽異聞但互相知互不相知以辨兩異文若不堪於顯露入者須祕密說今對前頓漸顯露即明祕密若大本中先明不定對前頓漸定教爲次第也此據說相次第雖爾祕密不定

遍前四時。初無前後。具足應云。祕密不定顯露不定。今皆畧標。然祕密之名。起自龍樹。如釋籤一引大論釋大品經。諸天子歎云。我見閻浮提第二法輪轉。今轉似初轉。問。初轉少。今轉多。云何以大喻小而言似耶。答。諸佛法輪有二種。一者顯。二者密。初轉聲聞見八萬及一人。諸菩薩見無量阿僧祇人得二乘。無量阿僧祇人得無生忍。無量阿僧祇人發無上道心。行六波羅蜜。阿僧祇人得初地乃至十地。一生補處坐道場。是名爲密。文　故知初見八萬一人。屬顯露攝。祕密者。如次明之。文　如前

四時中指祕密教。橫在四時，別無部帙。三輪光明
記一十三云。身業現化，名神通輪。口業說法，名正教
輪。意業鑒機，名記心輪。三皆摧碾眾生惑業，故名
為輪。下地不測，亦名三密。或為此人說頓，等妙玄
先約頓漸三說相對。次約說默相對。各有三義。謂
此座十方多人一人及俱三相對。

三

初此座十方相對

文云此座說頓，十方說漸，說不定頓
座不聞十方，十方不聞頓座。或此座
說漸，十方說頓，說不定，各各不相知
聞如前。於此是顯，於彼是密。玄文又於

說相對　說

二多人一人相對

彼是顯於此是密。據記義加。

文云。或爲一人說頓。或爲多人說漸
說不定。或爲一人說漸。爲多人說頓。
說不定。各各不相知聞。互爲顯密。如
前。一方既爾。餘方亦然。

三俱三相對

或俱頓。俱漸。俱不定。各各不相知聞
互爲顯密。此記文義加。

初此座十方

或一座默十方說

或十方默一座說

各不相知

默相對

一

二多人一人

或對一人默多人說義加

或多人默一人說

三俱說默

或俱默或俱說

互爲顯密

通示不定

祕密之相

同聽

金口

梵音

不定互相知

祕密互不相知

異聞

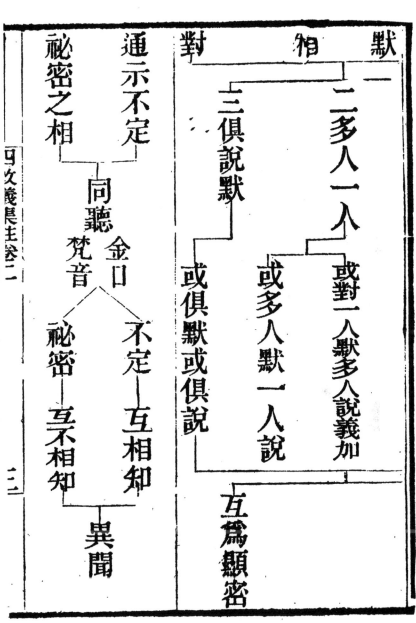

如釋籤云。不定與祕。並皆不出同聽異聞。但有互相知。互不相知。以辨兩異。

大論敘出鹿苑顯密之相
- 顯　聲聞見八萬一人（據聲聞見邊。但可云得法眼淨。不可云八萬悟大。亦不可以此作不定說。）
- 密　諸菩薩見無量阿僧祇人。得二乘等。

此以般若對鹿苑說。卽鹿苑中密說般若。義該三教。故云諸菩薩見等也。

玄籤明鹿苑顯
- 定　陳如得初果

露定不定相對

不定—八萬諸天得無生忍

此約鹿苑聞小證大而說。如籤云。酪中雖無二別。不妨以八萬及一人。以辨定不定也。

別行玄記涅槃疏明鹿苑顯密相對

顯—說生滅—鈍根

密—說常住—利根

別行玄云。利人密去。記釋云。八萬諸天獲無生忍是也。

此以法華涅槃對鹿苑說。即鹿苑中密說圓常。與法華涅槃悟入是同。如別行玄記云。若八萬諸天

獲無生忍故云密去又大疏云利根人於三藏中
宜聞常住聞卽得解如初轉法輪時八萬諸天得
無生忍乃是密教意據此豈可謂同聽生滅耶問
鹿苑會上只一八萬諸天何故諸文或定不定顯
密有異耶答如來赴機難思祖師釋義非一據諸
天得法眼淨卽顯露定教如云聲聞見八萬是也
據聞小證大卽顯露不定教如云八萬諸天得無
生忍是也若曰密聞圓常卽祕密教如云利人密
去是也經意多含不可一準然八萬諸天旣是利
根密爲正義蓋於三藏中宜聞常住故也且祕密

教。何以得傳。如妙樂一八十云。祕密不傳。降佛已還。非所述故。尚非非阿難能受。豈弘教者所量。文　蓋因後敘出。故可傳耳。如妙樂云。阿難非不傳祕。赴機之祕。非所傳耳。故祕密所用。全是顯教。是故傳祕。祇名傳顯。文

第四不定教者。亦由前四味中。佛以一音演說法。眾生隨類各得解。此則如來不思議力。能令眾生於漸說中得頓益。於頓說中得漸益。如是得益不同。故言不定教也。

蓋一類機。宿世於頓有漸種。於漸有頓種。故今聞

小證大聞大證小。推功歸教教名不定矣。如大經置毒發毒。大論。八萬諸天得無生忍等皆不定義。古師以金光明等別爲一緣名偏方不定教今家不然。一時一說。一念之中備有不定。一音者通大小因果當分跨節顯之與密定與不定。今是不定一音該乎大小。是果人所用。於漸說中得頓益妙玄云。雖說四諦生滅而不妨不生不滅等。釋籤云。此指鹿苑雖施於漸不起於頓於頓說中得漸益。妙玄云。雖高山頓說。不動寂場而遊鹿苑。釋籤云。此指頓後漸初。不動於頓。而施漸化。若方等。般若。

雖為菩薩說佛境界。而有二乘智斷。此二時中俱有小果新得舊得。如常所明。雖五人證果。不妨八萬諸天得無生忍。此重指漸初對般若說。前文約法。此中約人。當知即頓而漸。即漸而頓。

然祕密不定二教。教下義理。只是藏通別圓。

上指四時為祕密不定之部。今明部中之教。故此二教。以藏等四教為當體體。眞中二理為所依體。如妙樂一十九云。不定祕密義各含四。顯之與密定與不定相對論故。

化儀四教齊此。

此以法華相待之意判前四時不出頓等八教意顯法華超八教外出四時表故釋籤一十六科玄文云初明八教以辨昔次約今經以顯妙若釋籤一十七云祕密橫被無時不遍者此約方等對前二時爲言考彼問辭自見又釋籤十廿四云五味則一道豎進味味有半滿相成復於味味皆有祕密及以不定文　蓋約五味對半滿以論相成故玄文云雖復俱遊行藏得所俱遊論相成行藏論用捨華嚴唯滿不半乃至法華廢半明滿半有成滿之功非謂味味各有半滿又云味味皆有祕密不定者此且據前四時

爲言。或顯密相成。則以昔時祕密不定。成今法華。是顯非祕密。是定非不定矣。妙玄六十二引大論云。餘經非祕密。法華是祕密者。釋籤七三十云。非八教中之祕密。但是前所未說爲祕。開已無外爲密。

次說法華。

妙法難解。取喻蓮華。蓮華華果同時。妙法則權實一體。故有迹門三喻本門三喻。

迹門

迹門	喻	本門
爲實施權	一爲蓮故華	從本垂迹
開權顯實	二華開蓮現	開迹顯本
廢權立實	三華落蓮成	廢迹立本

本門

開前頓漸。會入非頓非漸。故言開權顯實。又言廢權立實。又言會三歸一。

妙名一唱。待絕俱時。故相待論判。出前三教。四時之上。絕待論開。復能開前。令皆圓妙。今文但云開者。蓋上既云化儀四教齊此。則顯法華出前四時。況復下文。歷部揀教。即是判也。然待絕二妙。妙體無殊。約義而論。開爲正意。凡論開權。有約部約教約界約理等。今云頓漸者。乃約部通開。頓漸是權。屬前四時。非頓非漸是實。即今法華。又三即是權。一即是實。故以開廢會三而結云。故言開權顯實等也。開者。發也。拓也。昔不言三是方便。故方便門閉。今言三是方便。故方便門開。廢者。捨之別名。開已俱實。無權可論。義當於廢。約法乃開時即廢。約喩必義須先開。若約理者。開廢俱時。開時已廢。故也。或謂今文開廢會三。準彼玄籤。第一。對於四一。義雖無妨。但在彼不對。其文則重。在今但作結上開部義似稍允。蓋法華部。開廢會三。法應爾也。如下文云。總開會廢前四味麤。舊於開權有同體異體之辨。然約所開法體。及能開之妙。佛意邊論。皆同體也。但所開機情。在昔執之爲異。故不得不開。

如釋籤云。法本自妙。麤由物情。但開其情。理自復本。又玄文云。開昔之異。顯今之同。故開機情的開異體也。

言權實者。名通今昔。義意不同。

權謂權謀暫用還廢。實謂實錄究竟指歸。昔有偏圓自他權實等義。今有為實施權開權顯實等義。義不同也在昔權實各趣。在今權皆趣實。意不同也妙樂十三十三文云。權實之語。非獨今經。相即之言。出自於此。

謂法華已前權實不同。大小相隔。

此下釋卅今昔權實義意不同。文初約部通開。故以頓漸爲權。法華爲實。此揀昔日部中之教。有權有實。然在昔實妙權麤。在今開麤卽妙。方顯義意不同也。今且先明昔之權實。故云謂法華已前權實不同等。權實約偏圓。大小約半滿。亦可權實約法。大小約人。在昔之時。皆有此義。然文意正明昔部權實。而復明大小者。須知權通偏教。而未的顯權中三藏小機。歷前四時。與大相隔。直至法華方得入圓。故論權實。復明大小。雖明大小。不出權實。如下文云。重舉前四時權盡指此小機也。

如華嚴時。一權一實

圓實別權。

各不相卽。大不納小。故小雖在座。如聾若瘂。是故所說法門。雖廣大圓滿。攝機不盡。不暢如來出世本懷。一權一實。釋權實不同。大不納小。釋大小相隔。今此正當大隔於小。故小雖在座。如聾若瘂。釋籤一十云。華嚴大機。尙隔於別。小機被隱。一向不聞。是故但立頓大之名。不立一乘獨妙之稱。非佛本懷良由於此。華嚴頓大。尚非本懷。況復鹿苑。故三藏教首。及以部內。麤尙未周。故妙號都絕。方等般若。

比說可知。文

所以者何，初頓部有一麤（別教）一妙（圓教），一妙則與法華無二無別，若是一麤須待法華開會廢了，方始稱妙。

所以者何？此徵起釋出不暢本懷之意，皆由在昔不能開麤顯妙，故此以下歷部揀教，明判明開。初頓部等，於此別明頓中麤教須待開會者，以時人謂華嚴勝故也。

次鹿苑但麤無妙（藏教）。次方等三麤（藏通別）一妙（圓教）。次般若二麤（通別）一妙（圓教）。

此約相待判前部中麤妙也。

來至法華會上總開會廢前四味麤令成一乘妙諸味圓教更不須開本自圓融不待開也

此開前四味部中三教之麤成今一乘妙也在昔部中三教既開昔部中圓還須開否故下卽云諸味圓等也以今圓昔圓二圓不別此約教別與也若妙樂云圓人初心須聞開顯諸法實相者蓋昔圓人義有兩向名字初心謂圓隔偏聞佛開權隔偏情泯非開圓體也若觀行去已入實者但論增進如經揀衆云除諸菩薩衆信力堅固者是也信力五品堅固十信若昔部中三教權人來至法華二一向須開

圓體也。若觀行去已入實者但論增進。如經揀眾

云。除諸菩薩眾。信力堅固者是也。信力五品堅固十信又妙

樂云。今經是圓。復須開顯者。蓋顯法華中圓非但

出前四時復須開顯諸教也。

但是部內。兼但對帶。故不及法華。淳一無雜。獨得妙

名良有以也。

正判昔部屬麤。除鹿苑外。雖皆有圓。以兼等故。不

得稱妙。麤人細人。二俱犯過。此約部通奪也。釋籤

一十云。始自華嚴。終至般若。雖名不同。但爲次第

三諦所攝。今經會實方曰圓融。文是故文初約部

通開。須云開前頓漸等也。如上相待論判。絶待論開約教別與、約部通奪。翻覆抑揚。方顯法華出諸教上。部圓教圓。妙絶羣經。出世本懷。於此暢矣。故即引經四一爲證。

故文云。十方佛土中。唯有一乘法。無二亦無三。教一 正直捨方便。但說無上道。行一 但爲菩薩。不爲小乘。人一 世間相常住。理一

以純一故。獨得妙名。故云 一以顯妙。蓋一即妙也十方佛土等。據其同者而言。亦約佛意也。一乘法者部圓教圓。故無二亦無三者約教則無通教半

滿相對之二。無三藏之三乘。無有餘乘。卽無無別教
及圓入別也。約部則無般若所帶之二。無方等所
對之三。方等之藏則攝鹿苑。二酥之別。則該華嚴
唯一佛乘。故云教一。正直捨方便。但說無上道者。
文句五五云。五乘是曲。而非直。通別偏傍。而非正。
今皆捨彼偏曲。但說正直一道也。文　疏據說邊屬
教一。今據道名能通。故屬行一。但爲菩薩者。約佛
意但爲菩薩。據昔方便。謂教化三乘。今此同一菩
薩人。故云人一。世間相常住者。十界依正隔歷差
別之相名世間相。以卽理故。皆常住也。若乃情見

生滅遷流。廓爾情忘。諸相常住。常既即性。非常無常。言偏意圓。斯之謂矣。學者於此。宜解會焉。

時人未得法華妙旨。但見部內有三車。窮子化城等譬。乃謂不及餘經。蓋不知重舉前四時權。獨顯大車。但付家業。唯至寶所。故致誹謗之咎也。

當代弘教之人。未解法華開權絕待微妙旨趣。但見經中有三車等喻。乃謂不及華嚴等經。蓋不知三車等喻。乃重舉昔日之權。意在指權即實。故舉三車顯大車。窮子付家業。化城至寶所。不知此意。故有謗法之愆也。三車。羊車譬聲聞乘。鹿車譬緣覺乘。水牛車譬菩薩乘。即鹿苑三乘也。化城文句七十八云。以神力故無而歘有。名之為化。防非禦敵名之為城。文 譬真諦涅槃。能防見思也。寶所譬寂光。大經中名寶渚。前四時權。且三車等。指昔三藏三乘。而云重舉前四時權者。須知三周開顯。藏圓相對。雖正開小機。然舉昔之權。則該四時。又此小機歷前四時。名四時權也。妙樂五十三云。立一開權之言。於今乃成二意。一者騰昔施權。二為顯實之所。不指所開。無由說實。況指權是權。知非究竟。既顯實已。權全是實。文 誹謗。釋籤十三云。當知法華。

約部。則尚破華嚴般若。約教。則尚破別教後心文
人不見之故致誹謗。
約時。則日輪當午。罄無側影。（第五時）
十界咸開。無不成佛。如日方中。無處不南。周禮用
一尺五寸土圭。立八尺之表。夏至午時。以測日影
求地之中。以建國。宋嚴觀二師。與太史何承天用
此法測日影。以定中國。表北得影一尺五寸。與土
圭等。地上餘陰一寸。天上萬里。則知天竺方爲地
中。今云。罄無側影。據天竺說。
約味。則從熟酥出醍醐。此從摩訶般若出法華。（五醍醐味）

釋籤一十九問。彼經自以醍醐譬於涅槃。今何得以譬於法華。答。一家義意謂二部同味。然涅槃尙劣。何者法華開權。如破大陣。餘機至彼。如殘黨不難。故以法華爲大收。涅槃爲捃拾。若不爾者。涅槃不應遙指。八千聲聞。於法華中得授記莂見如來性。如秋收冬藏。更無所作。文 然彼經本無出法華之語。今約義說。故但云。此從摩訶般若出法華。

信解品云。聚會親族。卽自宣言。此實我子。我實其父。吾今所有。皆是子有。付與家業。窮子歡喜得未曾有

文句六三十一云。十方法身菩薩影響者爲親族。影

響之衆多是釋迦昔日同業並共如來於二萬億佛所共開化之於其即是伯叔之行故用此爲親族文 此實我子我實其父結會父子文句六三十云實從我受學實是我子從我起解是我所生我實曾於二萬億佛所常敎大法故我實是父文 吾今所有皆是子有正付家業文句六三十云一切大乘萬德萬行故云所有文 又如來藏子性不殊故云皆是子有當知如來所有即子本有

此領何義答即般若之後次說法華先已領知庫藏諸物臨命終時直付家業而已譬前轉敎皆知法門

說法華時開示悟入佛之知見授記作佛而已

臨命終時靈山唱入涅槃時也譬前轉教皆知法

門文句六三十一云追指昔日大品領教所委有廣

略般若共不共法是汝所知即汝所有故法華但

明佛之知見更不廣說一切行相也文開示悟入

文句四三十約四意消之一約四位住行向地二約四智

道慧道種慧一切智一切種智即上圓位能契之智也三約四門

四約觀心妙樂五四云約智約位唯聖方開約觀

約門乃通名字不妨高位不棄衆生文又二紙云若

作餘釋爲令之說徒施佛之知見安在文佛之知

見佛知即一切種智具足三智佛見即佛眼具足五眼亦名眞實知見若通途被開其不在座展轉爲說或在界外亦得聞之或佛滅後敦逼令信乃至久遠四惡麤智人天世智若不開之則佛之知見永埋四趣長沒人天若別開者則在座得益當機妙悟得受記者授記聖言說與曰授果與心期曰記若通途記如法師品初八部四衆三乘之類在座聞佛一句偈者皆與授記當得菩提乃至滅後聞一句偈亦與授記若別記者如迹門別授應身記本門授法身記又總與七百別與刧國名號

等。記五百也妙樂四廿六云。二乘且與八相記者。更令與物結淨土緣。菩薩已於多劫利物。隨熟隨脫。不假八相淺近之記。二乘不爾。是故須之。文

次說大涅槃者有二義。

佛出淨土不說涅槃。即以法華為後教後味。如燈明迦葉等。今佛熟前番人。以法華為醍醐。更熟後番人。重將般若淘汰。方入涅槃。復以涅槃為後教後味。

一為末熟者。更說四教。具談佛性。令具真常。入大涅槃故名捃拾教。二為末代鈍根。於佛法中起斷滅見。

天傷慧命。亡失法身。設三種權扶一圓實。故名扶律談常教。

一爲未熟者。卽五千起去。人天被移者。更說四教。法華廢竟今經復用。故云更說。而具追說。追泯。兩種四教。妙玄二廿一云。涅槃聖行品。追分別衆經。故具說四種四諦。施權德王品。追泯衆經。俱寂四種四諦。文。開權卽四不可說也。釋籤三十三云。追者追也。却更分別前諸味也。泯者會也。自法華已前諸經皆泯。此意則順法華部也。至大經中更分別者。爲被末代故。大經中具斯二說。文。具談佛性。令具眞常。

涅槃經首廣開常宗。令一切眾生皆知常住佛性入祕密藏。止觀云。涅槃寄滅談常。輔行云。寄應迹滅度談法身圓常。捃拾釋籤一十九云。法華開權。如已破大陣。餘機至彼。如殘黨不難。故法華為大收。涅槃為捃拾。文二為末代鈍根。妙玄十二十一云。涅槃臨滅。更扶三藏。誡約將來。使末代鈍根。不於佛法中。起斷滅見。廣開常宗。破此顛倒。令佛法久住。

文起斷滅見。一者破戒撥無因果。斷見二者說於無常。滅見夭傷慧命。無戒門也亡失法身。無乘門也若常途論。自報慧命。理體法身。在眾生不減。諸佛不增。以迷背故天傷亡失今此為無乘戒兩門以致慧命法身。天傷亡失意與常途自不侔矣設三種權扶一圓實輔行三下一二十云彼經四教皆知常住本意在圓權用三教以為蘇息實不保權以為究竟（長文）扶律談常教釋籤云以彼經部前後諸文扶事說常。若末代中諸惡比丘破戒（戒門）說於如來無常（乘門）及讀誦外典則竝無乘戒失常住命賴由此經扶律說常則乘戒具足故號此經為贖常住命之重寶也如釋籤三引經應有單複二義所云複者謂乘及戒（以律助常意也）若言不許畜八不淨此是戒門事門。

若說如來畢竟入於涅槃及遮外典此是乘門理門。此扶律談常意也所言單者惟約戒門。彼經扶律律是贖常住命之重寶。四念處三　二云。若別圓有法身慧命。何須贖命。贖命意在藏通灰斷之命。令得法身常住也文既扶律說常則以律助常也。如義例云。佛化尚以涅槃爲壽。況末代根鈍非助不前。然上云設三種權扶一圓實。何故結云扶律談常且三權俱律耶。須知上明經中具用四教。則以偏助圓。後以乘戒兩門重扶三藏之意。結歸爲末代鈍根故云扶律談常也。

然若論時味與法華同。論其部內。純雜小異。故文云。從摩訶般若出大涅槃。前法華合此經爲第五時也。妙玄十廿一云。然二經教意起盡是同。如法華三周說法。斷奠聲聞。咸歸一實。後開近顯遠。明菩薩事。涅槃亦爾。先勝三修常樂我斥劣三修苦無常無我斷奠聲聞。入祕密藏。後三十六問。明菩薩事。文論其部內。純雜小異。妙玄十八云。涅槃猶帶三乘得道。此經純一無雜。涅槃更不發迹。此經顯本義彰。妙樂七十九約十六意揀云云。故文云等。別行義疏記云。彼經就般若部後分。結撮五味次第也。文前法華等者。今經時味既同法華。故此文中更不別立時味。但云前法華合此經。爲第五時也。

問。此經具四教。與前方等部具說四教爲同爲異。答。名同義異。方等中四圓則初後俱知常。別則初不知。後方知。藏通則初後俱不知。涅槃中四。初後俱知。

妙玄十廿三云。問。涅槃追說四。方等正開四。別教復有四。若爲分別。答。涅槃當四。通入佛性。別教次第後見佛性。方等保證。一一不見性。文 今以涅槃追說四與方等中四對揀。答名同義異。四教名同。知常不知常異。圓則初後俱知常。初心名字知。五品觀行知六根相似知住上分證知妙覺究竟知別則初不知後方知初卽地前人也輔行三下廿九云別亦知中今言不知者前三不知圓理故也文 若妙玄四三十一云別教初心卽知常住者但中常住耳後卽登地人也若得意者同向薄知藏通則初後俱不知觀音玄記上十二云凡言別圓初後知常蓋知人法不可灰斷藏通反是故曰不知涅槃中四初後俱知輔行三下廿二云彼經四教皆知常住本意在圓文 觀音玄記上廿七云涅槃四教雖俱知常初心用觀不無差別藏通且須順於二諦別初心

八未即圓法。文釋籤二廿八云。涅槃解即而行不即。

文

問將五味對五時教。其意如何。答有二。一者但取相生次第。所謂牛譬於佛。五味譬教。乳從牛出。酪從乳生。二酥醍醐。次第不亂。故譬五時相生次第。

南本涅槃第十三卷聖行品中。無垢藏王菩薩對佛稱歎涅槃教勝。佛印可竟。佛言。譬如從牛出乳。從乳出酪。從酪出生酥。從生酥出熟酥。從熟酥出醍醐。醍醐最上。佛亦如是。從佛出十二部經。從十二部經出修多羅。從修多羅出方等。從方等出般

若波羅密從般若波羅密出大涅槃猶如醍醐文
是則五味對教出自於佛也相生釋籤一十九云此
五味教相生之文在大經聖行品末文　此約教論
相生也妙玄十十八云漸機於頓未轉全生如乳三
藏中轉革凡成聖喻變乳爲酪卽是次第相生爲
第二時教不取濃淡優劣爲喻也文　此約機論相
生也

二者取其濃淡此則取一番下劣根性所謂二乘根
性在華嚴座不信不解不變凡情故譬其乳次至鹿
苑聞三藏教二乘根性依教修行轉凡成聖故譬轉

乳成酪。次至方等聞彈斥聲聞。慕大恥小。得通教益。
如轉酪成生酥。次至般若奉刺轉教。心漸通泰。得別
教益。如轉生酥成熟酥。次至法華聞三周說法。得記
作佛。如轉熟酥成醍醐。此約最鈍根具經五味。其次
者或經一二三四。其上達根性味味得入法界實相。
何必須待法華開會。

義例六云。五味惟喻一代五時濃淡。文 蓋言經文。
相生雖顯意。取濃淡以譬涅槃教勝。卽約教論濃
淡也。今文教論相生。機論濃淡者。令易顯故。其實
約機約教皆具二義。下劣根性。天親呼為下劣小

乘衆香稱爲貧所樂法不信不解非其境界故維摩疏一初引華嚴云此經不入二乘人手垂裕記二十云手以受物表信力故受法二乘不聞從何起信文慕大恥小得通教益釋籤三廿三云謂受彈斥令其歎大自鄙即生酥益相文輔行十廿四云密成通益文心漸通泰得別教益釋籤三廿三云至般若中不復同前悲泣之時故云通泰又云皆使令知即熟酥益相得此益已義成別人文輔行云密成別益文蓋顯二乘人於法華前不論改觀故云密也三周說法法說周爲上根人作三乘一乘說

身子得悟譬說周爲中根人。作三車一車說。四大弟子得悟因緣周爲下根人。作宿世因緣說。千二百聲聞得悟。皆授初住八相之記。最鈍根妙玄十廿四云。自有一人歷五味。如小乘根性。於頓如乳。三藏如酪。乃至醍醐。方得究竟文　即最鈍根性也。其次者妙玄十廿四云。自有利根菩薩。未入位聲聞。或於三藏中見性。是歷二味。自有方等中見性。是歷三味。般若中見性。是歷四味文　據此則一味不得入。至於二味。乃至三味不得入。至於四味皆名次根也。上達根性妙玄十廿四云。自有一人稟一味如華嚴純一根性。卽得醍醐。不歷五味也。大經云。雪山有草。名曰忍辱。牛若食者。卽得醍醐。文卽上達根性也。前四時中。鹿苑密入。餘皆顯入。故云味味得入。於法華中。但論增道也。法界實相。一體異名。上有味味之言。故重云耳。若輔行云。實相是別理。法界是圓理。據大經。十千菩薩得一生實相。初地同住是接入別。五千菩薩得二生法界。圓教二住是接入圓。以教判文。理還不異。

上來已錄。五味五時。化儀四教。大綱如此。

籤云。言次第者。華嚴初云。於菩提道場。始成正覺。

在初明矣。諸部小乘雖云初成。自是小機見爲初
耳。據信解品脫妙著麤。故居其次。大集云如來成
道始十六年。故知方等。在鹿苑後。仁王云如來成
道二十九年。已爲我說摩訶般若。故知在方等後
亦知仁王在大品後。法華云四十餘年。大經云臨
滅度時。當知次第有所據也。文 此則別論次第通
則不然。如妙玄十 二云。若華嚴頓乳。別但在初。通
則至後。故無量義云。次說般若歷劫修行。華嚴海
空法華會入佛慧。卽是通至二經。乃至夫日初出
先照高山。日若垂沒。亦應餘輝峻嶺。故蓮華藏海。

通至涅槃之後況前教耶若修多羅半酪之教別
論在第二時通論亦至於後何者迦留陁夷於法
華中面得受記後入聚落被害作結戒緣起又如
身子法華請主後入滅均提持三衣至佛問五分
法身滅不答云不滅（雖云五分不滅終是小乘中意）豈非三藏至
後耶若方等教別論在第三時通論亦至於後何
者陁羅尼云先於王城授聲聞記今於舍衛國復
授聲聞記故知方等至法華後般若別論在第四
時通論亦至初後何者始從得道夜至泥洹夜常
說般若若涅槃別論在第五時通論亦至於初何

者釋論云。從初發心常觀涅槃行道。此則通至於前。若法華顯露不見通前祕密邊論理無障礙。故身子云我昔從佛聞如是法。見諸菩薩受記作佛。豈非證昔通記之文 文 若論方等亦通於前。淨名略記下之上 初 云。鹿苑理須密說彈斥。又華嚴中四句須更論。亦是其例。既其一切俱通初後。豈可方等不同於初。 文 然只一五時。論通論別。別則次第。通則互通。並是如來赴機之相。但於通中有文通義通。若文通者。如結集經家。乃取部類相從之文。收通歸別。如時長華嚴方等陀羅尼等是也。若義通者如蓮華藏海通至涅槃之後與夫日若垂沒餘輝峻嶺等是也此則不可收歸於別也然非別五時無以見如來說法次第非通五時無以見教法融通

集註卷第二終

天台四教儀集註卷第三

南天竺沙門 蒙潤 集

自下明化法四教、

妙玄十(廿八)云。問。四教名義出何經。答。長阿含行品。佛在圓彌城北尸舍婆村。說四大教者。從佛聞。從和合眾聞。從多比丘聞。從一比丘聞。是名四大教。文 釋籤十(三十一)云。但同有四非即藏等。亦一往語耳。然教定體與今不同。文 妙玄十(廿九)云。月燈三昧經第六。明四種修多羅。謂諸行。訶責煩惱清淨。私釋會之。諸行是因緣生法。即三藏義也。訶責是體知過罪。即通教義也。煩惱者。若無煩惱即無智慧。即別教義也。清淨者。既舉一淨當名任運有常樂我等。即圓教也。然則四教在小乘中有名無義。在大乘中有義無名。是故今家影傍經論。立此藏通別圓則名義備矣。

第一三藏教者。一修多羅藏。四阿含等經 二阿毗曇藏。俱舍婆沙等論 三毗尼藏。五部律

四教義一 初 云。此教明因緣生滅四聖諦理。正教小乘傍教菩薩 文 修多羅此云法本。出世善法言教之本也。又翻契經。契理契機也。契理合於二諦。

契機符彼三根。觀經疏初云。經者訓法訓常文。凡聖之所軌則曰法。魔外不能改壞曰常。此釋訓 經者由也。經由聖人金口。故言經也。此釋義 阿含如前。阿毗曇翻無比法。聖人智慧分別法義。不可比故。俱舍翻藏。即包含攝持之義。婆沙翻廣說。亦名五百說毗尼。此翻爲滅。佛說作無作戒。能滅身口之惡。故即八十誦律也文。南山云。毗尼翻滅。從功能爲名。非正譯也。正翻爲律。律法也。從教爲名。斷割重輕。開遮持犯。非法不定文。五部律。如來滅後。上座大迦葉等。五百聖人。於畢鉢羅窟內。命優波離結集名上座部。大眾婆尸迦等。一千凡聖窟外結集。名大眾部。此二通稱僧祇。即根本也。迦葉阿難末田地商那和修優波毱多。五師。體權通道。故不分教後毱多有五弟子。各執一見遂分律藏為五部焉。

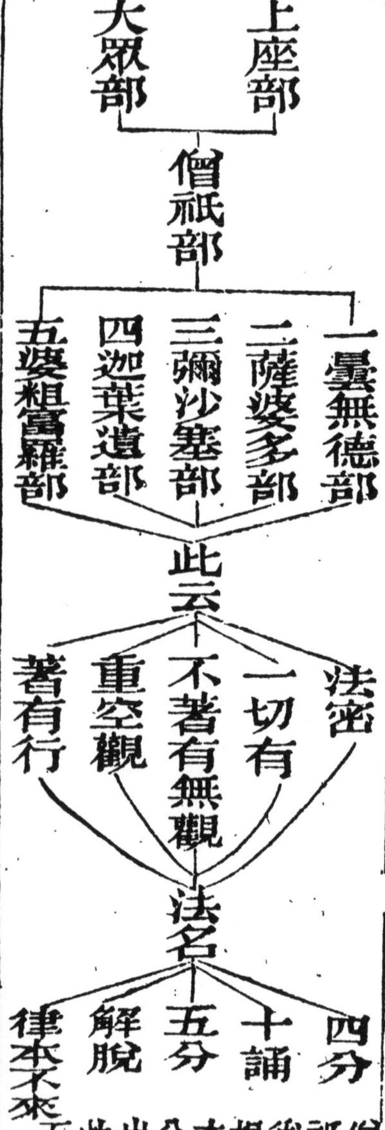

僧祇爲根本分出此五

三藏　起教之次　阿含為先

三學　修行之初

詮次　木叉為首

經藏	戒學	正明因事制戒。防止身口惡法。又戒是所詮行。毗尼是能詮教。
律藏	定學	經明修行。即安心法。修行有緒。令不散亂。又佛說經先入定故。
論藏	慧學	聖人智慧分別法義。若佛自分別法義。若弟子分別法義。

（經藏、律藏與戒學、定學以交叉線相連：經藏—定學，律藏—戒學。）

四教義云。然此三法通名藏者。以皆各含一切文理也。又經通五人說。妙樂一二十云。佛及聲聞。天仙化人。下四印定。即名佛說。文五律唯佛制。降佛已還。不許措辭。如禮樂征伐自天子出。論通佛世滅後。文句九三引出曜經云。佛在波羅柰最初為五人。說契經修多羅藏。佛在羅閱祇。最初為須那提說毗尼藏。佛在毗舍離獼猴池最初為跋耆子說阿毗曇藏。文 妙樂九一十云。故知別有阿毗曇藏是佛自說。五百羅漢結集名相。續解脫經後廣集法相乃名為論。文 今此三藏皆是佛說。若云佛說名經。弟子所作名論。一往語耳。

此之三藏名通大小。今取小乘三藏也。大智度論云。迦旃延子。自以聰明利根。於婆沙中。明三藏義。不讀衍經。非大菩薩。又法華云。貪著小乘三藏學者。依此等文。故大師稱小乘爲三藏教。

通論小衍俱有三藏。今則別指小乘。不可以通難別。故下即引經論。以證別意。大智度論釋大品經。龍樹造。羅什譯。九倍略之。百卷成文。亦名釋論。智論。大論。迦旃延子。此云文飾。善讃詠。故大論云。佛滅後百年。有迦旃延。迦旃延婆羅門。文 非佛世之迦旃延也。聰明利根。大論云。迦旃延子輩。是生死人。不讀不誦摩訶衍經。非大菩薩。不知諸法實相。自以利根慧智。於佛法中作諸論議。文 則知天台以小乘爲三藏。本乎經論。昔靜法苑師。毀之於前。清涼觀師。讃之於後。苑師謂法華云。貪著小乘。三藏學者。乃以小乘。爲能別之言。明知三藏。不唯屬小。天台此名濫涉大乘。特違至教。指法華為至教 清涼華嚴疏云。此師立義。理致圓備。但三藏名義似小濫。以後三教。亦有三故。所以爾者。良以智論之中。多名小乘爲三藏教。成實論中。亦自說云。我今欲說三藏中實義。故有據。初對舊醫戒定慧故。立此三事條然

不同異後三教通教意融三故別教依一法性而
顯三故圓教三一無礙故所以不名小乘教者此
教亦有大乘六度菩薩三十四心斷結成眞佛故
文 釋籤十七云三藏通大小何故但屬小今明如
法華云貪著小乘三藏學者又大論中處處以三
藏對衍而辨大小故準此文以三藏為小若通論
者小衍二門俱有三藏但是通途非別意也若唯
通途如何消通法華大論具如四教本中廣明 文
然論別意有三一 小乘三藏部別故二小乘三藏
隔異故三小乘三藏破舊醫故苑師謂法華以小

乘爲能別之言。且法華大論皆羅什譯。論中旣以小乘名三藏教。故至譯經。二言雙舉。爲成偈文。卽別義也。又大論云。佛在世時無三藏名。法華何云三藏學者。須知三藏之名起於結集法藏者。故大論云。摩訶迦葉將諸比丘在耆闍崛山中。集三藏。文殊尸利彌勒諸大菩薩。亦將阿難集摩訶衍。三藏是聲聞法。摩訶衍是大乘法。復次佛在世時無三藏名。但有持修多羅比丘。持毘尼比丘。持摩多羅比丘。文 是則結集經家。旣立三藏之名。故譯經者。作此譯耳。故法華云。三藏學者。

此有三乘根性。

此是總標三乘。聲聞四諦教。苦爲初門。支佛因緣教。集爲初門。菩薩六度教。道爲初門。又三人亦通諦緣度三。文句七一二十四念處一二云。所言三者。其義有八。謂教理智斷行位因果。理三者。聲聞理在正使外。緣覺理在習氣外。菩薩理在正習外。教三者。聲聞稟四諦教。緣覺稟十二因緣。菩薩稟六度。智三者。聲聞總相智。緣覺別相智。菩薩總別相智。斷三者。聲聞斷正。緣覺斷習。菩薩斷正習。行三者。聲聞爲自修戒定慧。緣覺爲自修樂獨善寂。菩薩爲衆生修六度。位三者。聲聞住學無學。緣覺住無學。菩薩三僧祇登道場。因三者。聲聞帶果行因。緣覺望果行因。菩薩伏惑行因。果三者。聲聞斷正。如燒木爲炭。緣覺斷習。如燒木爲灰。菩薩正習盡。如燒木無炭灰也。文

初聲聞人。依生滅四諦教。

聞佛聲教。故曰聲聞。生滅四諦。止觀一十云。苦則三相遷移。(生異滅)集則四心流動。(貪嗔癡等分)道則對治易奪。滅則滅有還無。雖世出世。四皆變異。故名生滅。文自性不虛。四皆諦實。故名爲諦也。

言四諦者。一苦諦。

大經云。凡夫有苦而無諦。聲聞有苦而有諦。凡夫不見苦理。故言無諦。聲聞能見無常苦空。故言有諦。法界次第中 十 云。苦以逼惱爲義。一切有爲心行。常爲無常患累之所逼惱。故名爲苦。謂三苦。八苦等。

三苦
- 苦受
  - 苦苦
    - 生在欲界苦等三途
    - 三界已苦欲界復苦
- 依三
  - 樂受
    - 生
      - 壞苦
        - 樂壞時苦等於三途
        - 通論三界各具

三苦
受生
不苦不樂受
行苦　卽處中苦通至無色

八苦名義

衆苦依止名生苦　有五種　一初受胎　二至終　三增長　四出胎　五種類貴賤男女端醜等類

能令變壞名老苦　有二種　念念　終身　又二種　增長　滅壞

能逼身因名病苦　四大不調　卽有二種　身病　心病

能滅諸根名死苦　有三種　一業報　二惡對　三時節代謝　又二種　病死　外緣

非愛共聚名怨憎會　卽是苦苦　苦心領於苦境故也

可愛相違名愛別離　捨所愛故　卽是懷苦

希望不遂求不得苦　還約愛離　怨會以說

是眾苦相名五盛陰 經釋前七是五盛陰前七有別體後一總七無復別體今依經文以五盛陰是其別體也

二十五有。依正二報。是言二十五有者。四洲四惡趣。六欲并梵天四禪四空處。無想五那含。四洲四趣成八。六欲天并梵王天成十五。四禪四空處成二十三。無想天及那含天成二十五。別則二十五有。總則六道生死。

輔行一下廿一云。因果不忘。故名爲有。文 署云三有。欲色無色。或云九有。三界分九地。故國土名依報。五陰假名是正報。即苦諦之體。四洲水中可居曰洲。四惡趣。三塗加脩羅。以脩羅一日一夜三時受苦故。六欲。希須名欲。六天各有三種欲。一飲食欲二睡眠欲。三淫欲。梵王無想及五那含總在四禪。經教別爲三有者。爲破外道。計梵王爲生萬物之主。計無想無心爲涅槃。計五那含爲眞解脫。故六道輪轉相通。故名爲道。輔行二上廿五引大論三十三問云。云何六道。復云五道。答。佛去世後五百年中。部別不同。各同佛經。以從已義。故使脩羅一道。有無不同。文　楞嚴中更開神仙一類爲七趣。又六道。不出胎卵濕化四生。俱舍頌云。人旁生具四。地獄及諸天。中有唯化生。鬼通胎化二。文

一地獄道。梵語捺洛迦。又語泥黎。此翻苦具。而言地

獄者。此處在地之下故言地獄。謂八寒八熱等大獄。各有眷屬其類無數。其中受苦者隨其作業各有輕重經劫數等。其最重處。一日之中八萬四千生死。經劫無量。作上品五逆十惡者。感此道身。

地獄從處爲名。婆沙云。贍部洲下過五百踰繕那。乃有地獄。梵語。釋籤八十二云。元梵天種。還作梵語。及以梵書。文 輔行七廿一云。光音初下。展轉出生。是故五天。竝名梵種。文 翻彼梵語。成此華言。故云翻也。周禮有象胥氏。通四方之語。東方曰寄。南方曰象。西方曰狄鞮。音低低之言知也 北方曰譯。今翻西語諸經皆云譯者從通稱也如周禮四官通稱象胥氏苦具造惡之者受苦具度亦云苦器八寒八熱偈云頞部陀尼剌部陀寒逼身皰及皰裂頞哳吒并嚯嚯婆唬唬婆三皆痛聲六嗢烏沒反鉢羅鉢特摩第八摩訶鉢特摩青蓮紅蓮大紅蓮如次對三種身色已上八寒等活斫刺磨擣吹活等前黑繩黑繩絣量後方斬鋸三衆合苦具衆至合黨相殘噑叫衆苦所逼悲噑發聲大叫極苦所逼大叫稱怨六炎熱火隨身轉熱苦難堪七極熱若內若外自身他身俱出猛火互相燒害下八阿鼻或云阿鼻旨亦云阿毘成論明趣果受苦時命及形五皆無間也此八寒熱根本獄各有眷屬其類無數等活等八獄各有四門四

門各有四獄謂煻煨屍糞鋒刃烈河增一獄十六
總有百二十八皆名遊增有情遊彼其苦增故準
妙玄第六云八寒亦具百二十八而正理論等但
云眷屬故俱舍圖熱豎寒橫於八寒邊不列遊增
更有孤獨鬲子輕繫等獄遍在江海山林空中等
處婆沙七云南洲有正有邊東西二洲唯邊無正
北洲邊正俱無三洲人若造重罪皆來南洲正獄
及東西南洲邊獄受苦妙玄六廿八云此正地獄在
地下二萬由旬其傍地獄或在地上或在鐵圍山
間輕重傍輕正重重者遍歷百三十六獄中者不

遍。下者復滅。經劫數等。俱舍云。等活等上六。如次以欲天壽爲一晝夜。人間五十歲爲四天王一晝夜。四天王五百歲爲等活一晝夜。當人間九百萬歲。又人間百歲爲忉利天一晝夜。忉利天一千歲。爲黑繩一晝夜。當人間三千六百萬歲。壽量亦同彼。等活壽同四天王五百歲。黑繩壽同忉利天一千歲。等活等苦壽如此。可不畏耶。極熱半中劫。無間中劫全。旁生極一中。難陀龍等壽一住劫鬼日月五百。鬼以人間一月爲一日。積日爲月。壽五百年。頞部陁壽量。如一婆訶麻。婆訶翻篅。貯二十斛胡麻。今俗所用盛米者是百年除一盡。假使有人百年除一粒麻。二十斛盡名爲頞部陁壽後後倍二十。第二虺裂二十婆訶麻。後之六獄倍增可知八萬四千生死。毗婆沙云。五道各有自爾之力。地獄色斷還續。妙樂五三十引毗曇云。一切地獄初生之時。皆有三念。知此處是地獄。由某因所生。從某處來。文句四四三十二云。初皆正語。若受苦時。痛聲不復可分別。妙樂五三十三云。初入地獄。如本有語。後時但作波波等聲。不復可辨。文句云。獄卒是變化。令見非衆生數。初將罪人縛至閻王所者。是衆生數。若受苦時。非衆生數。妙樂五三十三云。有情非情。並是共業所感。而爲心變。文衆生常爲熱苦所逼。小獄通寒熱。大獄惟在熱。四解脫經。稱爲火途。且從熱爲名也。五逆。殺父。殺母。殺阿羅漢。出佛身血。破和合僧。十惡身業三種。謂殺盜淫。口業有四。妄言。綺語。兩舌。惡口。意業有三。貪嗔癡。上品善不善業皆有三品。而復有三。如擲華鈔。

逆惡三品

一約境。善則於劣不殺爲上。謂蚊蚋等。於勝不殺爲下。謂父母等。餘者爲中。不善反此。

二約心。無問善不善。但猛利心作爲上。泛爾心作爲下。餘者爲中。

三約時。此通善不善。但三時無悔者爲上。作已方悔爲中。正作能悔爲下。三時者。欲作正作作已。

二畜生道。亦云旁生。此道遍在諸處。披毛戴角。鱗甲羽毛。四足多足。有足無足。水陸空行。互相吞噉。受苦無窮。愚癡貪欲。作中品五逆十惡者。感此道身。

梵語低栗車。輔行二上廿五云。畜生者。稽六。許六。向究三反。並通作。褚六音。卽六畜也。謂牛馬雞豚犬羊。則攝趣不盡。今通論此道不局六也。旁生。婆沙云。形旁行旁。此道徧在諸處。婆沙云。徧五道中有之故也。文句四四三十云。四天三十三天悉有。而上天所乘象馬等。是福業化作。非衆生數也。披毛如走獸等。戴角如牛羊等。鱗甲如魚鼈等。羽毛如飛禽等。水陸空行。此三是畜生所依處也。妙玄云。陸有三品。重者土內。不見光明。中者山林。輕者人所畜養。大論。以三類攝畜生盡。謂晝行夜行晝夜行。互相吞啖。文句四四三十二云。畜生者多盲冥。盲冥者無明也。強者伏弱。飲血噉肉。怖畏百端。四解脫經稱爲血途。從相噉邊爲名也。中品其心劣前作已少悔。俱舍頌云。旁生極一中。旁生壽量多無定限。其極長者亦一中刧。謂難陀龍等諸大龍王皆住一刧能持大地。文句四三十五云。刧初時皆解聖語。後飲食異。諂心而語。皆變或不能語。妙樂五三十云。諸教相中。畜生能言。皆此時也。又畜生能飛空自爾力也。

三餓鬼道。梵語闍黎哆。此道亦徧諸趣。有福德者作山林塚廟神。無福德者。居不淨處。不得飲食。常受鞭打。塡河塞海。受苦無量。諂誑心意。作下品五逆十惡。

感此道身。

輔行二上廿五云。梵語闍黎哆。此翻祖父。後生云祖父者。從初受名。又後生亦是後生之祖父也。爾雅云。鬼者歸也。尸子曰。古者名死人為歸人。又云人神曰鬼。地神曰祇。天神曰靈。又云饑餓謂餓鬼也。恆被驅使。此道亦遍諸趣。輔行三下云。此處在閻浮提下五百由旬。有閻王界。縱廣量亦等。是根本處。亦有住閻浮提洲者。有德者。住花果樹林。無德者。居不淨處。東西二洲亦有鬼。北洲唯有威德者。諸天亦有。隨生處形。或居海渚。或在人間山林中。

或似人形或似獸形不得飲食重者饑火節餤不聞漿水之名中者伺求蕩滌膿血糞穢輕者時薄一飽加以刀杖驅逼塞海塡河四解脫經稱爲刀途從彼刀杖驅逼爲名也下品正作能悔故云下品俱舍頌云鬼日月五百以人間一月爲一日壽五百歲更有三類九種內障外障無障如蘭盆疏今水陸施食正爲餤口鬼神婆羅門仙出生所供爲曠野鬼神鬼子母等

三類九
- 無財三——炬口——鍼咽——臭口
- 少財三——鍼毛——臭毛——大癭

種　多財三　得棄　得失　勢力

四阿脩羅道。此翻無酒。又無端正。又無天。或在海岸海底宮殿嚴飾。常好鬬戰。怕怖無極。在因之時。懷猜忌心。雖行五常。欲勝他故。作下品十善。感此道身。文句二廿一云。四天下採花醖於大海。魚龍業力。其味不變。嗔妒誓斷。故言無酒。無端正。男醜女端。舍脂是也。無天。淨名疏二十四云。此神果報最勝。隣次諸天。而非天也。妙樂二廿九云。無天德故。文或在海岸海底。輔行二上廿五云。世界初成。住須彌頂。亦有宮殿。後光音天下。如是展轉至第五天。脩羅嗔。便避之無住處下生此文　文句二廿云鬼道攝者居大海邊畜生道攝者居大海底準此則知妙玄明或居半須彌山巖窟應天種攝妙樂引阿含四脩羅次第住於海底各於海下二萬由旬以爲一宮居止處殊勝必兼多福方得生彼又楞嚴經明胎卵濕化四種之異屬於鬼畜人天四趣所攝具如彼文宮殿嚴飾妙樂長阿含十八云南洲金剛山中有脩羅宮所治六十由旬欄楯行樹等然一日一夜三時受苦苦具自來入其宮中屬四趣者亘有以也文　常好鬭戰文句二廿二云毗摩質多生舍脂帝

釋納爲妻。後讒其父。遂交兵。脚波海水。手攻善見
帝釋。以般若咒力。不能爲害。文 怕怖無極。淨名疏
二十四云。往昔嫉妒惱他。故常多怖畏。文 猜忌輔行
二上廿五云。又嫉佛說法。佛爲諸天說四念處。則說
五念處。佛說三十七品。則說三十八品。常爲曲心
所覆。猜者。疑懼也。詩傳云。以色爲妒。以行爲忌。害
賢曰嫉。故知脩羅嫉賢忌行。五常輔行一下三云。
以慈育物爲仁。以德推遷爲義。進退合宜爲禮。權
奇超拔爲智。言可反覆爲信。內德俱備。方成人道。
慢强無德。判屬脩羅。又據善心。仍居下品。外揚五

德本在輕他。文十善對十惡立。謂不殺等。又十皆有止行二善。如不殺止善。放生是行善等。

身三
止善：不殺　不盜　不淫
行善：放生　布施　梵行

口四
止善：不妄語　不綺語　不兩舌　不惡口
行善：誠實語　質直語　和諍語　常軟語

意三
止善：不貪欲　不瞋恚　不愚癡
行善：不淨觀　慈悲觀　因緣觀

五八道四洲不同。謂東弗婆提。

壽二百五十歲

南閻浮提
壽一百歲
西瞿耶尼
壽五百歲
北鬱單越
壽一千歲。命無中夭。聖人不出其中。即八難之一。皆苦樂相間。在因之時。行五常五戒。五常者仁義禮智信。五戒者不殺。不盜。不邪淫。不妄語。不飲酒。行中品十善。感此道身。
輔行二一上廿六云。梵語摩㝹賒。此云意。人中所作皆先意思易曰唯人爲萬物之靈禮云人者天地之心五行之端此亦未知五道故也婆沙云五道多慢莫過於人又云五道中能息意者亦莫過人文法苑云人者忍也於世違順人能安忍四洲此世界下有三輪下風次水上金輪金輪之上有九山八海須彌居中鐵圍在外中遶須彌有七金山七香水海第七山外鐵圍之內即第八鹹海東西南北有四大洲四洲土輪居金輪之上於四洲邊復有二小洲具如俱舍弗婆提翻勝身閻浮提亦云贍部無熱池側有贍部林樹形高大其果甘美依

樹立名。此方無故不翻。西域記中翻爲穢樹。瞿耶尼。翻牛貨俱舍鈔云。劫初時高樹下。有一寶牛爲貨易故。鬱單越亦云俱盧。翻勝處。勝三洲故。俱舍頌云。贍部洲人量。三肘半四肘。尺八東西北洲人。倍倍增如次。東洲八肘。西洲十六肘。北洲三十二肘。唯有北洲人。壽定一千歲。餘三且據極分爲言。未必全爾。聖人不出其中。不生於彼。而闡化非不居彼。準寶雲經。頗羅墮將弟子六百人。住鬱單越。八難。三途以爲三。八中則有四。一盲聾瘖瘂。二世智辨聰。三佛前佛後四北俱盧洲。天上一無想。或指長壽天。受此諸果

報不得於聖化苦樂相間輔行四上九云若論果報
南洲爲下下若得値佛南洲爲上上故大論六十二
云閻浮提以三事故尙勝諸天北洲不及一能斷
婬欲二識念力三能精進勇猛復有書般若是故
諸天下來聽法故大經云下下因緣故生北洲乃
至上上因緣故生南洲文妙玄六廿九云四天下人
雖果報勝劣俱有生老病死同是輕報泥犂文五
常五戒常者不易戒乃防非仁則不殺義則不盜
禮則不淫信則不妄語智則不飮酒酒能昏性起
過故也又五戒四性一遮酒乃遮制餘性是惡大

小乘禁戒。此爲根本。止觀四「二云。性戒者。莫問受與不受。犯卽是罪。受與不受。持卽是善。若受戒持生福。犯獲罪。不受無福。不受犯無罪。」文輔行四上三「云。所言性者。卽舊戒也。不待佛制。性是善惡。故名爲性。又云五戒者。四性一遮。故俱舍云。遮中唯離酒。爲護餘律儀。若論制已。性上更加一箇制罪。」文性戒。輪王亦用。遮戒。如來所制。五戒十善開合之異。身三可見。不妄語則攝口業四種。酒防意地則攝意三。」

六天道。二十八天不同。欲界六天。色界十八天。無色界四天。

輔行二上廿六云今釋典中所言天者亦名最勝亦名光明文文句四末云天者天然自然樂勝身勝文

二十八天不同舉豎包橫也若統論一佛化境則有三千大千世界三千者小千中千大千也二禪統一小千三禪統一中千四禪統一大千三千是總大千是別總別雙舉以別顯總也

俱舍頌云四大洲日月蘇迷盧欲天梵世各一千名一小千界謂一千四洲一千日月一千須彌一千六欲天一千初禪天總名小千世界

此小千千倍說名一中千一千箇小千世界名中千世界

此千倍大千一千箇中千世界名大千世界小千為一二禪所覆中千為一三禪所覆大千為一四禪所覆例此應云千箇初禪為小千千箇二禪為中千千箇三禪為大千小千如千錢中千如千貫大千如千箇千貫然以十萬為億

則大千有萬億日月。而光明經云。百億日月乃至百億非非非想天等者。蓋億有四種。一十萬爲億中千有十億大千萬億。二百萬爲億中千有一億大千有千億。三千萬爲億。大千則有百億光明據此數也。四萬萬爲億。大千世界。但有十億。又復四禪非想唯一。亦言百億者。光明記五七云。以下望上言之耳。又恐翻譯之訛也。以義淨重翻則無百億非想之言。又瑞應經云。三千日月萬二千天地之中央者。萬即大千謂萬億。二千即中千小千也。蓋言佛生迦維衛國。是三千世界之中央也。

皆同一成壞。須知成住壞空。各二十劫。爲一大劫。一增一減爲一小劫。於住劫中。二十增減。每一增減有小三災。壞於有情。住劫盡時。乃有大三災壞於世界。經二十劫空。劫成劫各二十劫並約住劫數量而論。

業道增壽減至十三災現。刀疾饑如次。七日月年止。據瑜伽論。人壽減至三十歲。饑饉災起。七年七月七日止。減至二十歲時。疾疫災起。七月七日止。減至十歲時。刀兵災起。七日七夜止。今俱舍云。至十三災現者。乃據減劫之極爲言也故至十歲返次逆對則十歲時刀兵乃對七日二十歲時疾疫乃對七月三十歲時饑饉乃對七年則與瑜伽初無異也垂裕記十卄引什師云婆須密從忉利天下生王家作太子化衆人言我等祖父壽命極長以今瞋恚無慈故至此短壽是故汝等當行慈心衆人從命慈心漸薄此後生子壽二十歲如是展轉增至八萬四千歲也文論增則子年倍父年則自十歲增至八萬四千論減則百年減一年則自八萬四千歲滅至十歲故一年增一減爲一小劫

三災水火風上

三定爲頂二禪爲火災頂三禪爲水災頂四禪爲風災頂**如次內災等四**

無不動故初禪內有覺觀能燒惱心等外火災二禪內有喜受與輕安俱潤身如水故徧身麄重等外水災三禪內有動息息亦是風等外風災四禪無內患故亦無外災**然彼器**

非常情俱生滅故彼器卽依報雖云不動非是常住不壞之法情卽有情正報彼天宮殿情生則生情滅則滅

要七火一水七水火後風初禪以下七經

火災。是則七番成住壞空。當七大刼。第八水災。齊於二禪。又一番成壞。當八大刼。如是初禪已下七七四十九火。二禪已下七番水災。成五十六刼。初禪已下又七火災。當六十三刼。第六十四刼風災壞至三禪也。又火災興。由七日並現。刼未壞時。六日隱在雙持山下。世界壞時。後六日漸出。水災起時。由雨霖注。風災生時。由風相擊。從下風輪有猛風起。又業力盡。隨處生風。

初欲界六天者。一四天王天。

居須彌山腹。

二忉利天

居須彌山頂。自有三十三天。已上二天單修上品十善得生其中。

三夜摩天。四兜率天。五化樂天。六他化自在天。已上四天空居。修上品十善。兼坐未到定。得生其中。

俱舍頌云。六受欲交抱。執手笑視淫。初如五至十。色圓滿有衣。輔行六上二云。地居形交。忉利以風爲事。夜摩抱持。兜率執手。化樂視笑。他化但視。文六欲天化生時。四天王天。如五歲兒。乃至他化如十歲兒。後則漸長如其身量。色界初生。身量即成。且具天衣。如梵眾天。初生長半由旬。四天王天。東方提頭賴吒天王。此云持國。護持國土。故居黃金埵。領乾闥婆富單那。南方毗留勒叉天王。此云增長。令他善根增長。故居琉璃埵。領鳩槃茶薜荔多。王有九十一子。如靈感傳西方毗留博叉天王。此云廣目。亦云非好報。亦云雜語。能作種種語。故居白銀埵。領毗舍闍毒龍等北方毗沙門天王此云多聞福德之名聞四方故居水晶埵領夜叉羅刹諸處建立天王堂事見唐天寶元年如僧史略俱舍頌云妙高層有四相去各十千梵語蘇迷盧亦云須彌此云妙高妙謂四寶所成高謂出衆山表始從水際至山半腹分爲四級相去各十千由旬旁出十六千八四二千量此横廣也旁即是横最下一層廣十六千踰繕那第二層八千第三層四千第四層二千也堅首及持鬘恒憍大王衆如次居四級堅首等三皆藥叉衆大王即四天王堅首最下級乃至四四王居最上級亦住餘七山諸藥叉衆亦住餘七金山是四王所部衆故又日月宮城五風所持一持二養三受四轉五調齊雙持山頂旋環山腹照四天下雙持山高四萬

二千由旬。須彌七金及鐵圍山。入水皆八萬四千
由旬。須彌出水亦八萬四千由旬。餘之八山半半
論減。乃至鐵圍山高三百二十八由旬。二俱盧半。
九山廣濶皆等高量。俱盧舍此云二里日宮廣五十一由
旬。月宮廣五十由旬。俱舍頌云夜半日沒中日出
四洲等。輔行引長阿含二十二云。鬱單越夜半。弗婆提日沒。閻浮提日中。瞿耶尼日出。經文
次第四方徧說彼經又云。閻浮提為東弗于逮為西乃至單越為西于逮為東以由日月轉故皆謂
日出處為東文近日自影覆故見月輪缺。如新月則西近於日自影覆東。
故見東缺。殘月則東近於日自影覆西故見西缺。忉利此云三十三。山頂
四角各有八宮。中帝釋殿。昔世三十三人。天帝為

主於摩竭陀國修勝業故。故同生此。俱舍頌云。妙高頂八萬徑過八萬踰繕那三十三天居。四角有四峯。金剛手所住。有藥叉神名金剛手執金剛杵止住其中護諸天故中宮名善見。見者稱善故周萬踰繕那。高一半金城。善見外牆以金爲之。高一由旬半。城有千門。雜飾地柔軟。中有殊勝殿。周千踰繕那。外四苑莊嚴眾車麤雜喜。城外四苑。一眾車苑。隨天福力。種種車現。二麤惡苑。粗澁戰器。天欲戰時。刀杖等現。三雜林苑。雜受欲樂故。四喜林苑。極妙之境。觀者無厭。名曰喜林也。妙池居四方。相去各二十。苑邊有池。去苑各二十由旬。東北圓生樹。城外東北。樹名圓生。挺葉開花。妙香芬馥。順風遍滿百踰繕那。逆風猶遍五十踰繕那。西南善法堂。三十三天時集於彼。議論如法不如法事。單修上品十善

摽夜摩已上兼修定故　夜摩此翻善時亦名時分時時唱快
樂故兜率此云妙足新云覩史陁此云知足於五
欲境知止足故化樂於境變化自娛樂故他化自
在欲得境時餘天為化假他所作以成已樂即魔
王也淨名云多是不思議解脫菩薩住赤色三昧
不取不捨應為魔王文　未到定未入根本禪也止
觀九四云住欲界定從是心後泯然一轉虛豁不
見欲界定中身首衣服牀鋪猶如虛空冏冏安隱
身是事障事障未來障去身空未來得發是名未
到定相文　然生上四天自是欲界定力今從欲天

極處爲言。云未到定。不必四天皆爾。俱舍頌云。欲天俱盧舍。四分一一增。四分之一卽半里也。初四天王長半里。上五並半里。論增人間五十年。下天一晝夜。承斯壽五百。上五倍倍增。四天王壽五百歲。以人間五十年爲一日。忉利千歲。以人間百年爲一日。乃至他化十六千歲。以人間千六百年爲一日。法華文句廿九云。三光天子。是帝釋內臣。如卿相。四王是外臣。如武將。文又帝釋爲地居天主。魔王爲六欲天主。雖主欲界。帝釋四王欲行佛法。魔不得制。如威通傳

天台四教儀集註卷第三

天台四教儀集註卷第四

南天竺沙門　蒙潤　集

文戒

次色界十八天。分為四禪。初禪三天。

梵眾梵輔大梵。

二禪三天。

少光無量光光音。

三禪三天。

少淨無量淨徧淨。

四禪九天。無雲。福生。廣果。已上三天。凡夫住處。修上品十善坐禪者得生其中。無想天。外道所居。無煩。無熱。善見。善現。色究竟。已上五天。第三果居處。上之九天。離欲麤散。未出色籠。故名色界。坐得禪定。故得禪名。

妙立云。正報之身是清淨色。非如欲界垢染色也。十八天。此準上座部立。若薩婆多宗唯立十六天。以梵輔大梵合為一。無別處故。無想廣果合為一。身壽同故。若經部宗。佛滅後四百年初從一切有部復出一部名為經部。立義準經。不依律論。立十七天。梵輔大梵身量別故。上座部中須明十八者。以廣果無想。身壽雖同。因果有異。廣果以無尋伺為因果。無想以無心為因果。四禪梵語禪那。此翻為定。攝心專注。不流散故。世出世間此禪為根本。各有支林功德。如法界次第。

- 初禪五支
  - 覺支
  - 觀支
  - 喜支
  - 樂支
  - 一心支
- 二禪四支
  - 內淨支
  - 喜支
  - 樂支
  - 一心支
- 三禪五支
  - 捨支
  - 念支
  - 慧支
  - 樂支
  - 一心支
- 四禪四支
  - 不苦不樂支
  - 捨支
  - 念清淨支
  - 一心支

輔行九上九引婆沙中問。初三何故五。二四何故四。答。自古相承云。欲界五欲爲外亂。二禪喜爲內亂。初禪治外亂之始。三禪治內亂之始。故各有五。二禪外亂息。四禪內亂息。是故二四但立四支。初禪三天。梵者淨也。無欲染故。十八天皆淨無欲。此當其首。偏得淨名。梵衆是民。梵輔是臣。大梵即王也。刧初先生。刧盡後滅。主領大千。然通論有萬億梵王。唯此此是大千之中。王名尸棄。得爲大千之主。降此不得。橫論又初禪有語言號令。能統上冠下故也。如法華云。娑婆世界主。梵天王尸棄大梵。若摩醯首羅。居色界頂。報勝爲主。無統王義。以二禪已上無言語法。是故諸禪亦各以報勝爲主。非統御也。竪辨具如法華文句。淨名疏明。若涅槃疏云。娑婆世界主。正是首羅。又云梵王。只領小千而已。乃古師之說。非今家正意。二禪三天。少光光明少。故無量光。光明轉增無限量。故光音。以光當語音。故新譯云。極光。三禪三天。少淨。意識嗜樂離喜。而純樂受故。無量淨。淨勝於前。不可量故。徧淨。樂受最勝。淨周普故。四禪九天。無雲者。下雖空居。依雲而住。此無雲首。特號無雲。業疏云。第四禪上雲居輕薄如星散住。不同下天。如雲密合 文 福生者。修勝福力。方生此天。從因彰名。廣果者。凡夫之果。無勝過故。無想者。一期中間。心想不行。故無煩雜。無熱惱。善相見。善現相。究竟無極。此五天三果所居。名五不還天。若俱舍舊圖。次第而上。若準楞嚴第九。皆橫在四禪中。彼四禪天。獨有欽聞。不能知見。如今世間。曠野深山。聖地道場。皆羅漢所住持。故世間麤人。所不能見（文）又色究竟中。有摩醯首羅。此翻大自在天。俱舍頌云。色天踰繕那。初四增半半（謂梵眾半踰繕那。梵輔一。大梵一半。少光二也）此上倍倍增（無量光四。光音八。乃至徧淨六十四）唯無雲減三（下徧淨天既六十四。無雲倍應百二十八。身壽但有一百二十五者。謂從變易受。入不變易受難。故各減三。變易不變易。約三災壞不壞說）少光上下天。大全半為劫（少光已上。大全為劫。謂少光二大劫。乃至色究竟萬六千大劫。少光已下。大半為劫。以由身量與壽量等。大梵身既一由旬半。故壽當一劫半。故以四十小劫為一大劫。則六十小劫成劫半。半也。梵輔壽一劫。身一由旬。四十小劫也。梵眾身半由旬。故壽半劫。二十小劫也）三無色界四天。（空處。識處。無所有處。非非想。已上四天。只有四陰。而無色蘊。故得名也）

若厭色麤，修四空定，生四空天，名無色界。輔行六上四云：從第四禪欲入空處，必作方便滅三種色：一可見可對色，色塵；二不可見可對色，五根四塵；三不可見無對色，法入少分無表色也。此之三色並在色界，欲入無色，故滅此三。文 無色界色，小乘空有二宗各計不同。大眾部云：但無麤色，非無細色。妙玄四六引毗曇云：無色有道共戒，戒是無作色，以無漏緣通，故此戒色隨無漏緣至無色也。文 釋籤四三十一云：言無漏緣通者，通九地也，既通九地，豈隔無色。文 妙樂六九云：無色雖無四大造色，定果所爲皆是牆壁。（欲色二界業果所爲）三界皆以意識維持。若約諸宗無色。非全無四大色。雅合其宜文（有門計有色。合經牆壁譬）此是有宗計有色也。妙玄引成論云。色是無教法。（此是空宗牒有宗計）不至無色。（此是空宗難有宗也。難云。應不至無色耶。如讀教記。戒體中辨）此是空宗。計無色也。然小乘計有。是不了義。說無色者。乃名了義。大乘反此。楞嚴經云。是四空天。身心滅盡。定性現前。無業果色。孤山釋云。謂無業果色者。顯有定果色也。此與小乘有宗義合。若大經云。無色界色。（是佛境界）非諸聲聞緣覺所知者。此是大乘說有色義也。空處禪門六（九）云。此定最初。離三種色。

心緣虛空。既與無色相應。故名虛空定也。文 識處。
禪門六十一云。捨空緣識。以識爲處。正從所緣處受
名。故名識處。文 無所有處。行者厭於識處無邊。於
是捨之。入無所有處。亦名不用處。禪門六十二修此
定時。不用一切內外境界。外境名空。內境名識。捨
此二境。故言不用處。文 非非想。止觀六四引阿毗
曇婆沙云。非無想天之無想。非三空之有想。故言
非想非無想也。人師云。無想是色天異界。不應仍
此得名。就同界釋名。前無所有定。已除想。今復除
無想想無無想兩捨。故言非有想非無想。文 輔行六

上五人師尚不許引色無想天況總引四禪既是
論文取亦無失人師釋義亦未全非今家俱存故
無破斥。文止觀九八云此定不緣識處故非想不
緣不用處故非非想。文只有四陰輔行五上四卅云
蘊之與陰新舊異譯。文積聚名蘊蓋覆名陰積集
有爲蓋覆眞性。然諸文或云四禪八定或云四定
者。輔行九上初云若色無色二界相對則色界名
禪。無色界名定若總以上界望於下欲則上二界
俱名定地下界爲散。文
上來所釋從地獄至非非想天雖然苦樂不同求免

生而復死。死已還生。故名生死。此是藏教實有苦諦。一往言之。三途唯苦。諸天純樂。人中苦樂相間。通而言之。天亦有苦。妙玄六廿九云。六欲天者。地天別有修羅鬬戰之難。通有五衰死相苦等地獄。色天。雖無下界諸苦。而爲色所籠。若命盡時。不樂入禪。風觸吹身。唯除眼識。餘皆有苦。四空諸天。雖無欲色界等苦。如瘡。空處如癰。識處如病。無所有處如箭入體。非非想成就細煩惱。文及非想有八苦等。文句六云。三藏教詮生滅。故云實有也。

二集諦者。卽見思惑。又云見修。又云四住。又云染污無知。又云取相惑。又云枝末無明。又云通惑。又云界內惑雖名不同。但見思耳。

集者。招集為義。惑與業俱能招生死。而今但云惑者。前苦諦中已明善惡業故。即見思惑示集諦之體也。見者。若云見理時。能斷此惑。即從解得名。若云見祇是假（謂因成。相續。相待。三假也。）假者。不實為義。即當體受稱。

從解

外道諸見

單複具足四見

三中各一無言見

利鈍十使

歷四諦下

若歷六十二見

各具八

- 得名
  - 二佛法諸見
    - 四教四門四見
    - 門門一絕言見
      - 所生之惑
        - 增減不同
        - 成八十八
          - 十八使及百單八見

- 當體名
  - 外道
    - 單複具足四假
    - 各有一絕言假
  - 四教四門十六
  - 因成
  - 相續
    - 約心
      - 法塵對意根一念心起
      - 前念後念次第不斷
      - 待餘無心知有此心
    - 約色
      - 業托父母得有此身
      - 從胎相續訖至皓首
    - 正報
      - 以此之身待於不身
    - 因成
    - 相續

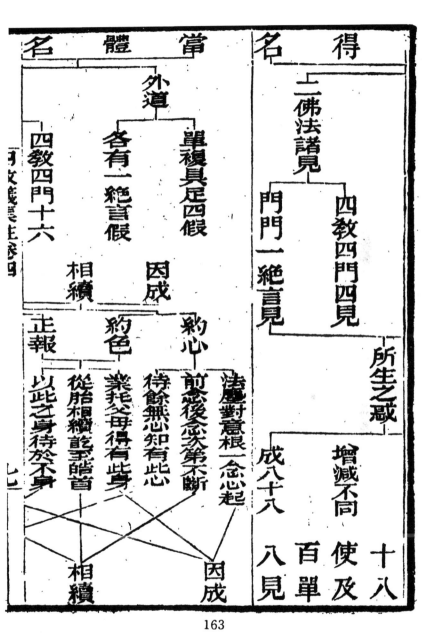

假
- 佛法
  - 門門一絕言假
  - 相待
  - 依報
    - 如因四微而成於柱
    - 時節改變相續不斷
    - 此柱待不柱長短大小等
    - 相待

單四見
- 執有
- 執無
- 亦有亦無
- 非有非無

複四見
- 有有有無
- 無有無無
- 亦有亦無有
- 亦有亦無無
- 非有非無有
- 非有非無無

具足四見
- 有有。有無。有亦有亦
- 無。有非有非無。
- 無有。無無。無亦有亦
- 無。無非有非無。
- 亦有亦無有。亦有亦無無。亦有亦
- 無亦有亦無。亦有亦無非有非無
- 非有非無有。非有非無無。非有非
- 無亦有亦無非有非無非有非無

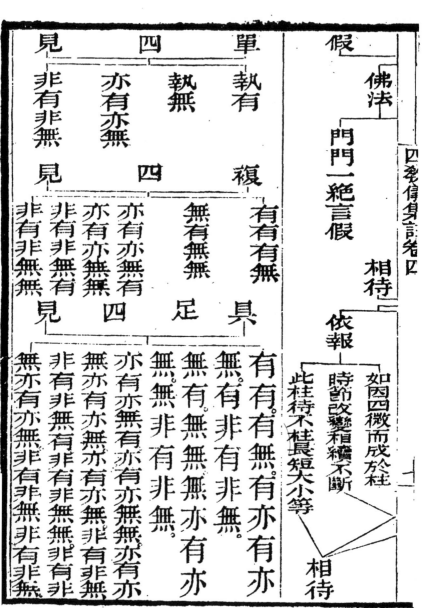

六十二見兩種不同

斷無
常有

色　受　想　行　識

陰大我小我在陰中
我大陰小陰在我中
離陰是我
即陰是我

過去　身邊　一陰具四句
現在　二見　五陰成二十
未來　所攝　歷三世六十
斷常二根本

如去　不如去　亦如去亦不如去　非如去非不如去　過去
常　無常　亦常亦無常　非常非無常　現在
有邊　無邊　亦有邊亦無邊　非有邊非無邊　未來

邊邪所攝

六十五見

色　受　想　行　識

一陰爲我
四爲我所

瓔珞
僮僕
窟宅

一陰爲我四我所
四各具三成十二
我我所合十三法
五陰互論六十五

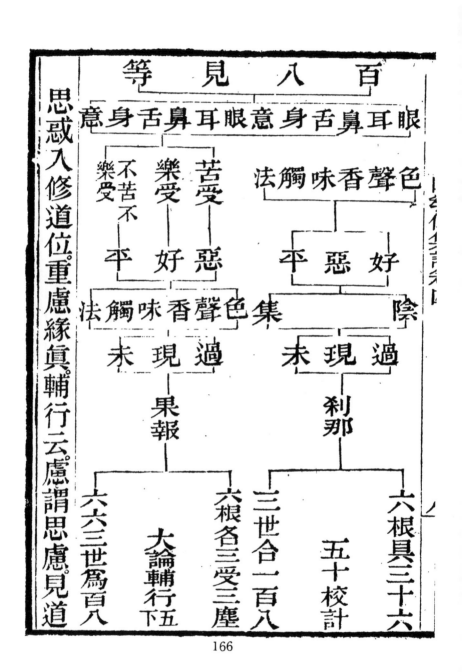

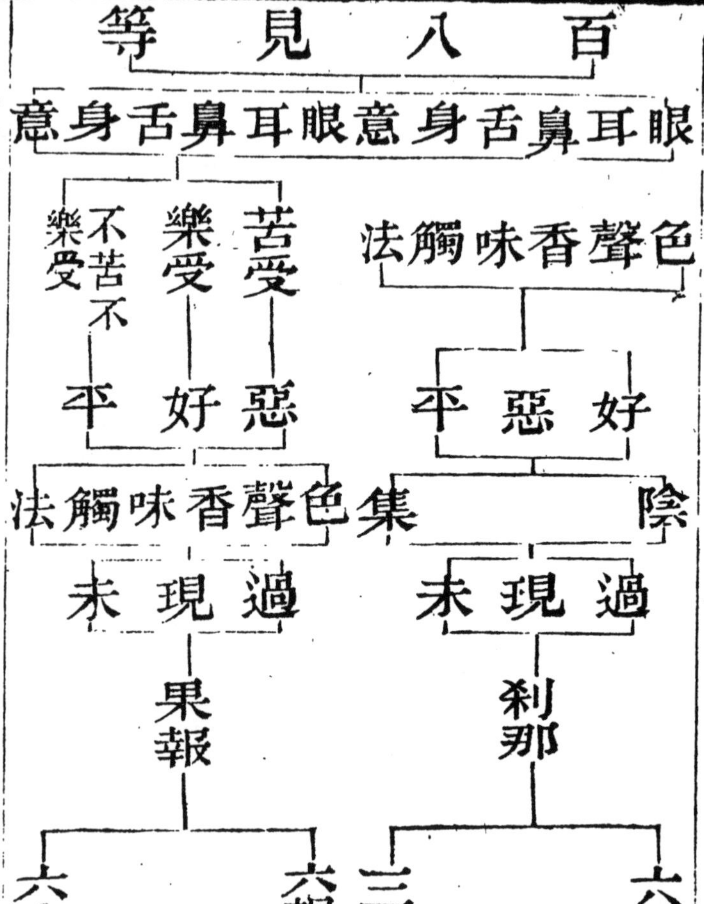

思惑入修道位。重慮緣眞。輔行云。慮謂思慮見道

觀眞已發無漏今復重觀故云重慮此惑卽除名思惟惑此從解得名若云思假及愛惑者此當體受稱然見惑從法塵起能障眞理思惑從五塵起能牽三界此皆約欲界多分說細論不拘見修見惑見道所斷思惑修道所斷約能斷位名所斷惑也四住見爲一住思惑分三因此二惑故住著三界染污無知妙樂一廿四云然小乘中立二無知染污無知無明爲體不染污無知劣慧爲體謂味勢熟德時數量耳文諸法滋味損益等勢成熟德用近遠等時一一等數大小等量取相惑三惑皆名取相觀音玄記上七云見思取

生死相。塵沙取涅槃相。無明取二邊相。今見思取六道生死之相也。枝末無明對根本得名。見思以無明爲根本。故云枝末。於一切法無所明了。故曰無明。通惑對別惑得名。見思通三乘人斷。故曰通惑。塵沙無明別在菩薩所斷。故名別惑。界內惑對界外得名。見思潤有漏業。招三界生。故云界內。塵沙潤無漏業。無明潤非漏非無漏業。招變易生。故云界外。塵沙則通界內外也。

初釋見惑。有八十八使。所謂一身見。二邊見。三見取。四戒取。五邪見。

已上利使。

六貪。七瞋。八癡。九慢。十疑。

已上鈍使。

此十使。歷三界四諦下。增減不同。成八十八。謂欲界苦十使具足。集滅各七使。除身見。邊見。戒取。道諦八使。除身見。邊見。戒取。四諦下合為三十二。上二界四諦下。餘皆如欲界。只於每諦下除瞋使。故一界各有二十八。二界合為五十六。并前三十二。合為八十八使也。

法界次第上七云。使以驅役為義。能驅役行者心神流轉三界。故通受使名。身見。於陰入界中妄計為身。強立主宰。恆起我見。諸文或云身見。或云我見。止觀十十六雙列二名云。求我叵得故。則身見破。身見破故。則我見破。文輔行五下九云。外人計我。如麻豆及母指等。或計徧身。神身四句及一異等。文邊見。於身見上。計我斷常。執常非斷。執斷非常。隨執一邊也。見取。謂因此見。通至非想。信此非餘。執劣為勝。戒取。執邪為道。名非因計因。及雞狗等戒。名戒取。邪見。由計斷常。不信因果。復計此我。以為自然。冥初世性。世性即是二十五諦一冥初二從覺等。如圖示。及六諦等。或計從於父母微塵梵天等生。皆名

邪見貪是已法者。愛即指五見爲已法也。嗔非已

法故。嗔癡不識見中苦集。慢我解他不解。疑猶豫

不決。利鈍。利則造次恒有。鈍則推利方生。五鈍亦

名見中思。亦名推利思。亦名背上使。利使若去。鈍

使亦亡。故屬見攝。四諦下惑。增減不同。前云集諦

雖在惑業。今歷四諦者。集是能迷。苦是所迷。又道

滅雖是出世間因果。由迷苦集。道滅亦迷。如不識

病亦迷於藥。此四諦惑俱舍頌云。苦下具一切。集

滅各除三。道除於二見。上界不行嗔。輔行五下九

問。四諦下惑依何理教增減不同耶。答。依阿毗曇

上界不行瞋無根害故有善欲故性寂靜故心滋潤故然止而不行非能斷也故法華中蜈蚣喻瞋通三界妙樂六二三十云小乘中云上界無恚非盡理也問何故身邊唯在苦耶答此見依身故名身見依於身見而起邊見餘三非身故無此見又見苦斷故故在苦下四空無色有身見者雖無麤色而有細色所執未亡卽是身見非想八苦其義可知問戒取何故唯在苦道答唯彼所起問戒取計因苦諦是果何故在苦答計多苦行妄爲實因故在苦下非出世道妄爲出道是故復於道處能起

集滅異此。故無身見。無身見故。亦無邊見。集滅非道。不生戒取。又復戒取在於苦道二諦下者。本是內道見苦能斷。本外道者見道能斷。故惟在二。此有親疎之義。孤山作六十四句解。云云八十八使且據見惑。婆沙中云。九十八使者。兼十思故也。輔行五下十云。以十纏爲九十八。論文所出不同。或名三結。止觀云。初果所破。如竭四十里水。功夫甚太。恐聞者生疑。略斷三結。謂身見戒取疑。如下圖示

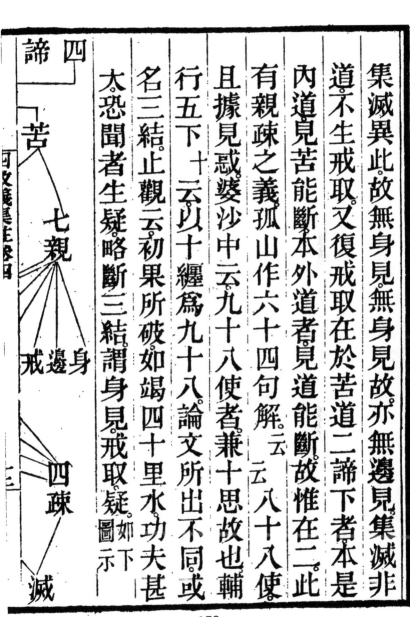

二明思惑者有八十一品。謂三界分為九地。欲界合為一地。四禪四定為八。共為九地。欲界一地中有九品貪嗔癡慢。言九品者。上上。上中。上下。中上。中中。中下。下上。下中。下下。上八地各有九品。除嗔使。故成八十一也。

此界繫思。亦名迷事思。亦名正三毒。異俱生思。及

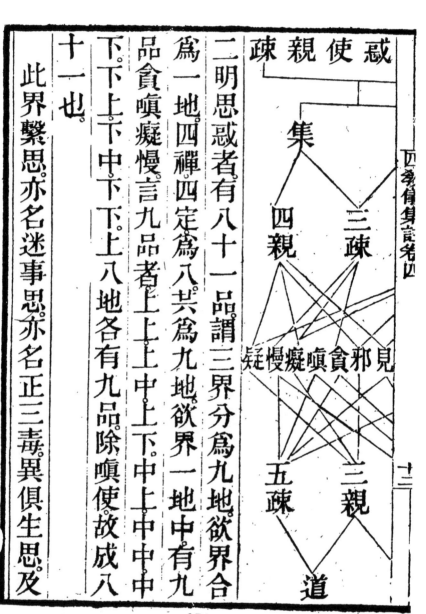

推利思也。九地所依處得名。欲界同一散地。故合爲一。於九地中各有九品貪嗔癡慢。但上八地無瞋耳。不言疑者。見道已斷。理合無疑。斷此惑時或直緣一眞諦。或於四諦中隨緣一諦。故止觀中云見惑如四十里水。思惑如十里水。大經云。初果所斷。如四十里水。其餘在者如毛一渧。

上來見思不同。總是藏教實有集諦。

此惑有爲有漏之因。故云實有。上明見惑八十八使。思惑八十一品。乃見思俱開。若云九十八使。乃開見合思。若云四住。開思合見。但云見思。俱合義也。或云三漏欲有無明。或云四流見欲有無明。或云上下五分。妙樂七十八云。上五分中色染無色染一向唯上。掉舉等三雖復通下不能牽下。故云上分。言下分者。貪雖通上不是惟上。瞋一唯下不通於上。餘三遍攝一切見惑。雖復通上而能牽下。故名為下。故俱舍云。由二不超欲。由三復還下。縱斷貪等至無所有。由身見等還來欲界。文

身見　下　戒取　五　疑　癡

身見　邊見　見取

五利使

見惑

頌曰

身攝邊見戒攝取

邪見元從疑惑生。

分　　上五分

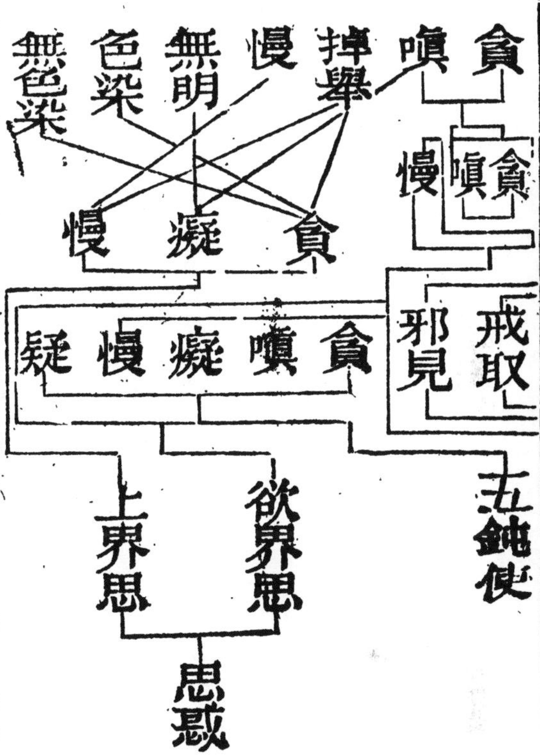

四鈍皆由利使生。
是故三結攝見盡。
癡起貪瞋二生慢。
舉二攝二成欲思。
無明即癡染即貪
掉舉遍三俱定愛。

三滅諦者滅前苦集顯偏眞理。因滅會眞。滅非眞諦
法界次第中十二云。以滅無爲義。結業既盡。則無
生死之累。故名爲滅。妙玄二十二云。二十五有。子果

縛斷是滅諦。文 觀音玄記上七十云。滅諦之體。是二涅槃。雖非眞諦。能冥於理。故云因滅會眞。滅非眞諦。因滅苦集方能會眞。非謂此滅便是眞諦。止觀一二十云。法性自天而然。集不能染。苦不能惱。道不能通。滅不能淨。如雲籠月。不能妨害。却煩惱已。乃見法性。經言滅非眞諦。因滅會眞。滅尚非眞。三諦焉是。文 輔行一下十一云。當知苦集。但是能覆。不能惱染。道滅能顯。而理本淨。法性如月。苦集如雲。道如却除。滅如却已。文

四道諦者。略則戒定慧。廣則三十七道品。此三十七。

合爲七科。

法界次第中十云道以能通爲義正道及助道是二相扶能通至涅槃故名爲道文妙玄二十二云戒定慧無常苦空能除苦本是道諦文略則戒定慧

釋籤九三道品雖多戒等攝盡戒攝三[正語正 業正命]定攝十[四如意足定根定力 除覺定覺捨覺正定]慧攝十八[四念處四正勤進根慧根進力慧力擇覺進覺喜覺 正見正思惟正精進]通定慧[念根念力念覺正念 止觀七九二云念通緣兩處]通三學[信根信力輔行云一 切諸法信爲本故文]廣則三十七道品三四二五單七隻八若六度攝三十七具如輔行七上。

廿道品者法界次第中二十云品者類也此七

科法門悉是入道淺深之氣類。故云道品也。文

四種道品
- 當分——多人所修當分得道故
- 相攝——法門相攝。各各能攝諸法門故。
- 對位——對當次位。四念對念處位。四勤對煖。四意對頂。五根對忍。五力對世第一。七覺對二三果。八正對初果。
- 相生——三四二五單七雙八。次第相生不亂也。

然此道品通正通助通大通小。通漏通無漏。亦漏亦無漏。並如止觀第七具釋。又小唯正道。大通正助。今是小乘道品義當相生。

一四念處。一觀身不淨。色蘊二觀受是苦。受蘊三觀心無常。識蘊四觀法無我。想行蘊

四念處一 五 云四者數也念者觀慧也處者境也
今言四者人於五陰起四倒故於色多起淨倒於
受多起樂倒於想行多起我倒於心多起常倒舉
四倒故言四也若相生次第應言識受想行色若
麤細次第應言色行想受識今從語便故言身受
心法 文 若迷心不迷色則數爲五陰若迷色不迷
心則數爲十二入若心色俱迷者則數爲十八界
如婆沙論俱舍頌云衆生門種族是蘊處界義愚
根樂有三故說蘊處界 諸有爲法和合是聚義生長門是處義以能生長心心所法種族是界義如一山中有金銀銅鐵等名多界等補註十三卷十二紙

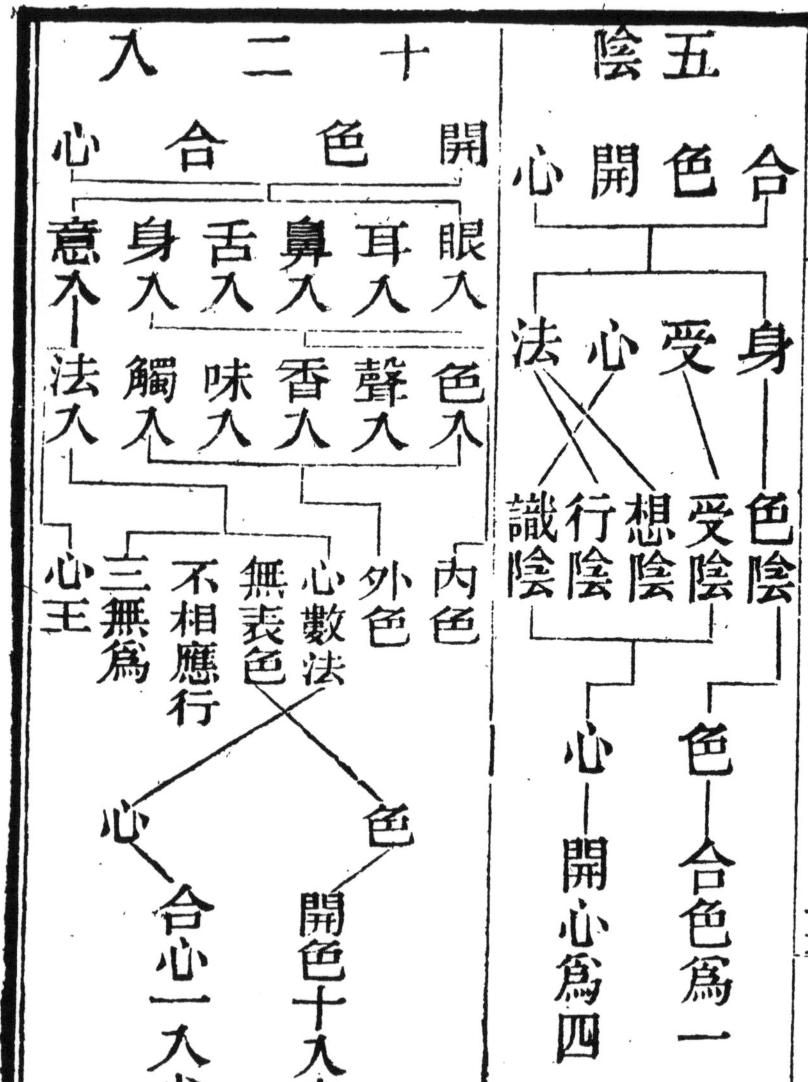
五陰
合
色
開
心
身
受
心
法
色陰
受陰
想陰
行陰
識陰
色
心
合色為一
開心為四
十二入
開
色
合
心
眼入
耳入
鼻入
舌入
身入
意入
色入
聲入
香入
味入
觸入
法入
內色
外色
心數法
無表色
不相應行
三無為
心王
色
心
開色十入少分
合心一入少分

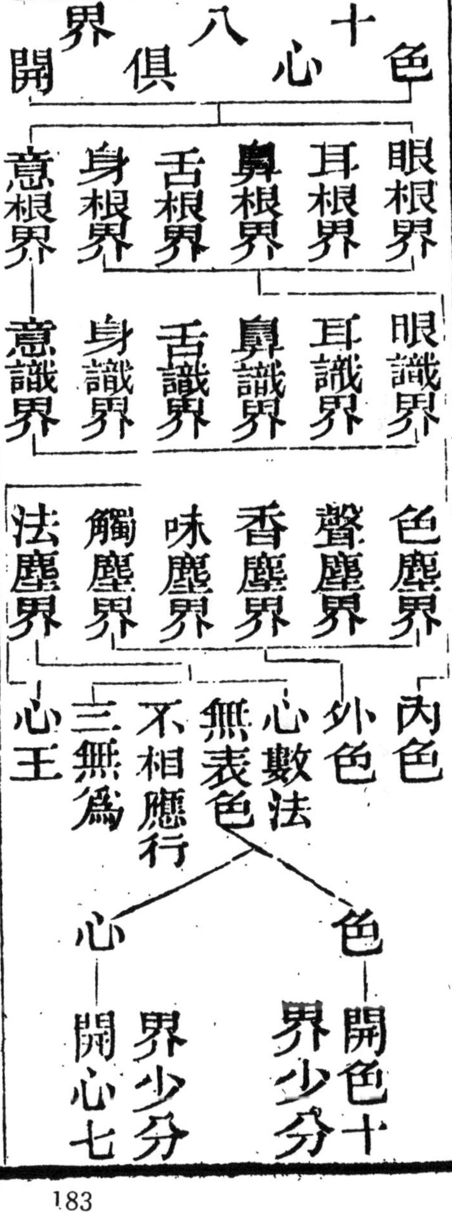

觀身不淨。四念處一六云。一切色法名之爲身內身外身內外身。已名內身。眷屬及他名外身。若已若他名內外身。此三種色皆從前世不淨業生。則有五種不淨。謂生處種子。相性究竟。生處者。女人

之體。是不淨聚。蟲膿穢惡。合集成立。經十月日。二臟間。夾迮隘如獄。釋論云。此身非蓮華亦不由旃檀。糞穢所長養。但從尿道出。種子不淨者。攬父母遺體赤白二渧。於中而住。是識隨母氣息出入。是爲受身。最初種子不淨也。相不淨者。頭等六分從首至足。純是穢物。譬如死狗。盡海水洗。洗死屍盡唯餘一塵。一塵亦臭。性不淨者。根本從穢業生。託於穢物長養。其性自爾不可改變。究竟不淨者。業盡報終。捐棄塚間。如朽敗木。大小不淨盈流於外。

文觀受是苦。四念處一　七云。領納名受。有內受。外受內外受緣內名內受緣外名外受緣內外名內外受又意根受名內受五根名外受六根名內外受一根有順受違受不違不順受於順生樂受於違生苦受於不違不順生不苦不樂受樂受是壞苦苦受是苦苦不苦不樂受是行苦觀心無常者心卽心王心王不住體性流動若麤若細若內若外皆悉無常觀法無我四念處一 七 云法名軌則有善法惡法無記法人皆約法計我我能行善行惡行無記若於心王計我已屬心念處攝若於心數計我從九心數一切善數惡數通大地數並

屬行陰法念處攝。此等法中求我決不可得。龜毛兎角但有名字實不可得。若善法是我惡法應無我若惡法是我善法應無我若無記是我無記不能起業但名因等起因此無記起善起惡善惡業尚非我因等起何得是我當知皆無有我但是行陰故經云起惟法起滅惟法滅但是陰法起滅無人無我衆生壽命雖有法起亦是顛倒顛倒者卽是身邊二見想行蘊者止觀五入云想取相貌行起違從文 念處居初者一 佛囑佛將入涅槃阿難請問佛去世後比丘依何修道佛答比丘當依四

念處行道。二依經。止觀五二云。大品云聲聞人依
四念處行道。菩薩初觀色。乃至一切種智。章章皆
爾。故不違經。文 三現前。止觀五連云。又行人受身。
誰不陰入重擔現前。是故初觀。文 輔行七上二十云。
以四念處能爲大小觀行初門。如來殷勤遺囑意
在於斯。文
二四正勤。一未生惡。令不生。二已生惡。令滅。三未生
善令生。四已生善。令增長。
正則不邪。勤則不怠。輔行七上二十云。只是於前念
處精勤除惡生善。文從語便。先除二惡。次生二善。

據行必以已生善惡居先未生善惡居次並先明
滅惡次明生善文止觀七廿六引十住毗婆沙偈云
斷已生惡法猶如除毒蛇斷未生惡法如預防流
水增長已生善如漑甘果栽未生善爲生如鑽木
出火文一未生惡令不生四念處觀時若懈怠心
起及諸煩惱惡法雖未生恐後應生遮信等五種
善根令爲不令生故一心勤精進方便遮止不得
令生也二已生惡令滅四念處觀時若懈怠心起
諸煩惱覆心離信等五種善根如是等惡若已生
一心勤精進方便除斷令盡也三未生善令生四

念處觀時信等五種善根未生爲令生故一心勤精進方便修習令善根生也四已生善令增長四念處觀時信等五種善根已生爲令增長故一心勤精進方便修習令不退失增長成就

三四如意足欲念進慧

法界次第中三十云智定力等所願皆得故名如意足此四屬定六神通中身如意足藉茲而顯又通因定生亦可六通因茲兹發四正勤是慧慧觀不勤念處不成反招散動如風中燈令修如意如加密室定慧均等欲者希向慕樂莊嚴彼法言彼法

者謂念處境言莊嚴者修希向心令法端美凡所修立一切諸法若無樂欲事必疎遺念者專注彼境一心正住若無一心觀法斷絶進者唯專觀理使無間雜無雜故精無間故進凡所修立一切諸法若無精進事必不成慧者止觀法界次第皆名思惟思惟彼理心不馳散當知四法是入定方便出輔行析玄下三十七上卅六云四觀神足心所中慧以覺察爲義文妙樂二八云思是慧數文

四

五根信進念定慧

輔行七上三十二云修前諸品縱善萌微發根猶未生。

根未生故。萌善易壞。今修五法。使善根生。故此五法。皆名為根。文 信者。信於諦理。能生一切無漏根力禪定解脫三昧等。然此信根。必依念處。若無信境根何能生。進者。信諸法故。倍策精進。念者。但念正助之道。不令邪妄得入。定者。攝心在正道及諸助道善法中。相應不散。慧者。念處之慧。為定所攝。以觀自照。不從他知。

五五力。同上 根名

前不入故。進修五力。令根增長。則能排障。同上根名者。輔行七上三十二云。問。名同於根。何須更立。答。善根雖生。惡猶未破。復更修習。令更增長。是故此五。復受力名。根成。惡破。故名爲力。文釋籤一九云。信解品云。無有欺怠嗔恨怨言。欺爲信障。怠爲進障。嗔爲念障。恨爲定障。怨爲慧障。若根增長。能破五障。故名爲力。文信力。信諦。不爲邪外諸疑所動。進力。觀諦。心無間雜。本求道果。未證不休。念力。持諦。破邊邪想。不令煩惱之所破壞。定力。若成。能破欲界一切諸散。能於諸禪。互無妨礙。不同單修根本之相。慧力。能破一切邪外等慧。能破一切見愛等執。

六七覺支。（念擇進喜輕安定捨）修前不入。由定慧不調。故用七覺均調。覺謂覺了。支謂支分。法界次第中四十云。無學寶覺七事能到文止觀七九云。心浮動時。以除覺除身口之麤。以捨覺捨於觀智。以定心入禪。若心沉時。以精進擇喜起之。念通緣兩處。文輔行七上三十云。定慧各三。各隨用一。得益便止。無假偏修。若全無益。方趣後品。念能通持定慧六分。是故念品通於兩處。文

七八正道。（正見正思惟正語正業正精進正定正念正命）正以不邪爲義。能通至涅槃。故名爲道。正見修無

漏十六行故。明見四諦。正思惟以正思惟發動此觀。正語以無漏智除四邪命。常攝口業住正語中。正業以無漏智除身邪命。住於清淨。正身業中。正精進勤修涅槃。善入正諦。正定正住於理決定不移。正念心不動失。正直不忘。正命以無漏智慧通除三業中五種邪命。見他得利。心不熱惱。而於己利。常知止足。住清淨正命。

四邪
- 方口食—曲媚豪勢通使四方
- 維口食—種種咒術卜算吉凶

五邪
- 爲利養故現奇特相
- 爲利養故自說功德
- 卜相吉凶爲人說法

仰口食—仰觀星宿以自活命　　高聲現威令人畏敬

下口食—種植田園合和湯藥　　說所得供養以動人心

已上七科，卽是藏教生滅道諦。

輔行一下十云，菩提煩惱更互相傾，故名生滅。然如前所列四諦名數，通下三教，但是隨教廣狹勝劣，生滅無生無量無作不同耳，故向下名數更不再列。

釋籤三入云，問何故立四種四諦之殊，答諦本無四，諦祇是理，理尚無一，云何有四，故知依如來藏同體權實，依大悲力，無緣誓願，物機所扣，不獲而用機宜不同致法差降從一實理施出權理權實二理能詮教殊故有四種差別教起涅槃實後暫用助圓故須具用偏圓事理故今引之以顯誠證三偏一圓界內界外各一事理故成四種文廣狹等者以藏通造六故狹別圓造十故廣藏別不卽故劣通圓談卽故勝於廣狹境各論勝劣則成四種四諦迷眞有重輕故論生滅無生迷中有重輕故論無量無作不可作尋常迭論勝劣釋也生滅妙玄二十二云迷眞重故從事受名如前釋無生妙玄二十二云迷眞輕故從理得名苦無逼迫相集無

和合相道不二一相滅無生相無量妙玄云迷中重故從事得名苦有無量相十法界不同故集有無量相五住煩惱不同故道有無量相恒沙佛法不同故滅有無量相諸波羅蜜不同故文無作妙玄云迷中輕故從理得名止觀一三云陰入皆如無苦可捨無明塵勞卽是菩提無集可斷邊邪皆中正無道可修生死卽涅槃無滅可證文

然四諦之中分世出世前二諦爲世間因果（苦果集因）後二諦爲出世世間因果（滅果道因）

釋籤三入云苦集只是世間一法道滅只是出世

一法。世出世法。因果性殊。而因必趣果。因果類異。故使四殊。文

問何故世出世前果後因耶。答聲聞根鈍。知苦斷集慕果修因。是故然也。

聲聞鈍根。苦爲初門。支佛以集。菩薩以道。通菩薩以滅。別菩薩以界外道。圓菩薩以界外滅。慕果修因。且據凡位。若初果去。則云帶果行因。支佛不立分果。乃云望果行因。四諦果前因後。此且一途。餘亦不定。

「苦相粗故先說。集

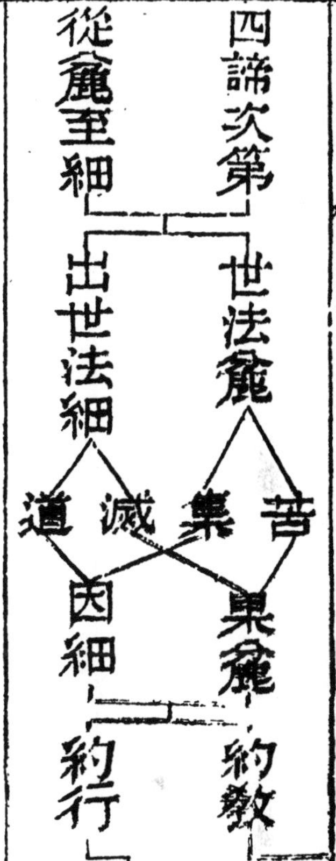

細次說滅粗亦先說道細次說。

文舉世間苦果令厭世集滅能會出世果令其欣道。

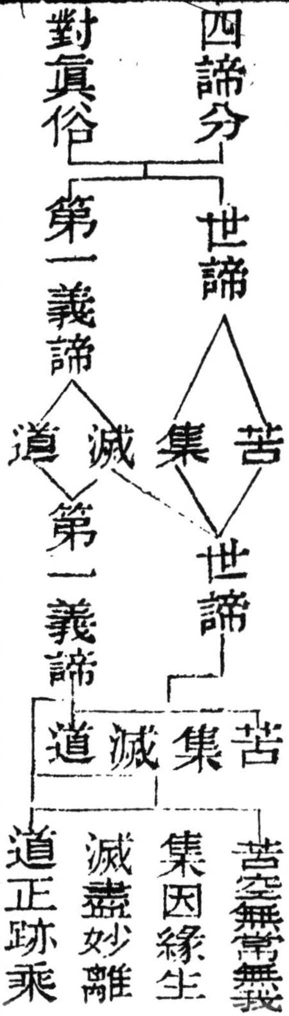

苦空無常無我

集因緣生

滅盡妙離

道正跡乘

釋籤引三師說

天台四教儀集註卷第四終

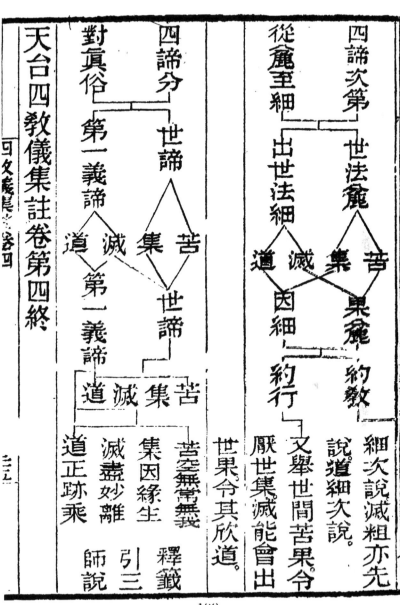

天台四教儀集註卷第五

南天竺沙門　蒙潤　集

略明藏教修行人之與位。

通標一教修行之人及三乘位次。妙玄四三十二云。爲破行人增上慢心。爲消經文引物希向（文）釋籤五廿二云。若無位次將何以爲見賢思齊。將何以越增上慢罪（文）

初明聲聞位分二。初凡。二聖。凡又二。外凡內凡。

凡有四門明位。一毗曇有門。明七賢七聖。二成論空門。明二十七賢聖。三昆勒論明雙亦門。四車匿論明雙非門。後一門大論雖指。論文不度。若空門。二十七賢聖者。學人十八。無學有九。四教義二十七云。賢人有二。聖人有二十五。文 凡位不備。今家不用。釋籤五十二具引。今依有門。明聲聞位者有三意。一凡聖位足。二佛法根本。三符順教旨。佛法根本者。有門所說。世間諸法。乃是無明。正因緣生。不同外道邪無因緣生也。又四教義云。大乘經論破小用小。多取有門。少用空門。故須略出毗曇有門。佛法根本。賢聖之位。文 又初二云。三藏四門。雖俱入道。而諸經論。多用有門。乃至圓教。多用非空非有門。

今不列七聖直作四果釋者。名義顯故。

- 七賢 — 七方便
  - 五停心　別相　總相
  - 煗　頂　忍　世第一
- 七聖
  - 信行 — 法行 — 初果
  - 信解 — 見得 — 二三果
  - 身證 — 四向
  - 時解脫 — 不時解脫 — 四果

三　有門 — 毗曇明七賢七聖位

藏　空門 — 成論明二十七賢聖位

- 學人十八
  - 信行　法行　信解
  - 見得　身證　家家
  - 一種　向初果　得初果
  - 向二果　得二果
  - 向三果　得三果
  - 中般　生般　行般
  - 不行般　上流般

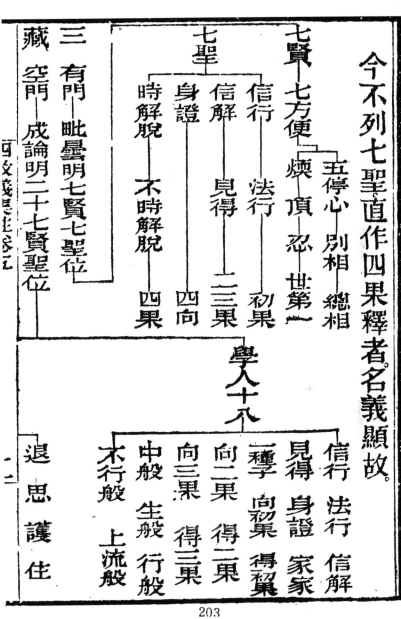

四　亦空亦有門—昆勒論—大論雖指—無學有九—進　不動　不退
門　非空非有門—車匿論—論文未度　　　　　慧解脫　俱解脫

此依釋籤五十八列成論二十七賢聖。若輔行準俱舍列。則無身證。故科揀云。何緣身證不預其數。答無漏三學是聖者因。擇滅涅槃是聖者果。滅定有漏不是依因。是故身證不預其數。中阿含三十云。長者問佛。福田有幾。佛答同俱舍。且據學無學二十七人是同。然福田經列身證俱舍則無也。凡者常也。亦名爲賢。賢者善直。亦曰鄰聖。分內外者相似見理名內。未得似解名外。

釋外凡中自分三。初五停心。

停者。止義。住義。修此五法。止住五過。心者有四種。一草木。二肉團。三積聚精要。四慮知。今是慮知心也。此五停心。通於四教。具如四念處明。妙玄五三以五停心。對圓五品。禪門三五以停心名五門禪。義該大小。通於凡聖菩薩等修。今是三藏聲聞助道也。貪等是境。不淨是觀。四教義二四云。心既調停。乃可習觀。猶如密室之燈。入道根本。無過此五法也。文或云五停心觀。則從慧。或云五門禪。則從定。定慧調適。故名停心。

五停心諸文列次

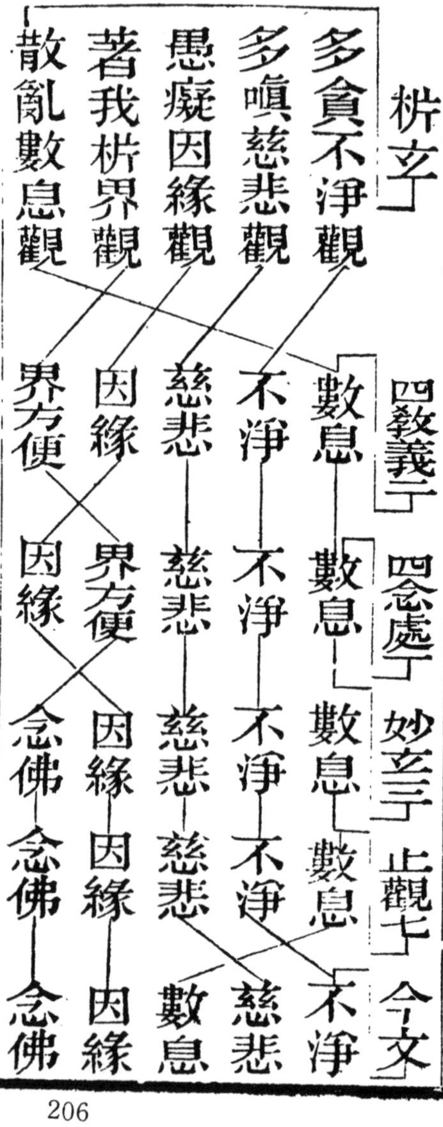

然上列次。析玄以不淨觀居初者。約三不善根次第也。第四明析界觀者。約不善根後辨。第五明數息者。散亂是隨煩惱。故於煩惱後辨。四教義等文。皆以數息居初者。順修禪人。必先攝散入定。故四

教義二云。今依禪門辨次第也。以病先後隨人。不須定執前後次第也。又諸文專以不淨數息居初者。妙樂六十引俱舍云。入道要二門。不淨觀數息。卅界與念佛。互存沒者。四教義二

四問。此處何不說念佛三昧爲五種耶。答。開因緣出界方便代也。以二世因緣。與界方便皆破著我。能破雖異。所破是同。故開二世因緣。以破著我。却出界方便代念佛也。且界方便何以能代念佛也。故下即釋出云。界方便與小乘念佛相同。亦破境界逼迫障。以界方便。能破之相。與念佛所破境界之相是同。以皆不出六界十八界故。念佛破境界逼迫障。界方便亦破也。

又四念處一云。問。此中何不云念佛停心。答。作五度門。則不用。作六度

門。則須用。因緣自對等分。性實、斷常、著我。此三皆有。故云等分。念佛對逼迫障。文止觀七十七云。毗曇以界方便破我。謂觀破六界十八界也。如輔行七上。對治不同。今圖示之。

止觀煩惱境中。用六種治。八十四四教義二。四念處二五明五種。第五與具治。名異義同。

- 小乘
  - 一對治。一藥對一病。如不淨對貪等。——一對治。
  - 二轉治。一病不轉藥轉。藥病俱轉。——二轉治
  - 三不轉治。病雖轉而藥不轉。——三不轉治。禪門更有藥病俱不轉。名不轉治。如不淨治貪不息。更修大不淨也。
  - 四兼治。病兼一二。藥亦兼二三。——四兼治。
  - 五具治。具用五法共治一病。——五亦對亦轉亦不轉亦兼治。
- 大乘——六第一義治。非對等五。如阿伽陀藥。遍治眾病。

一多貪眾生不淨觀。

六識妄心。於順情境上。引起無厭。故言多貪。禪門第四。明三種貪。一。外貪。男女身分互相貪著。用九想觀治。觀他身九想者。一膖脹。二青瘀。三壞。四血塗漫。五膿爛。六噉。七散。八白骨。九燒。二。內外貪。於他己身而起貪愛。用八背捨治。先觀內身骨鎖。故能治內。三。遍一切處貪。資生五塵等物。用大不淨觀治。卽入勝處。因於自身骨人觀成。漸見十方依正。故能治自他貪欲。析玄上入明四種。一。顯色。謂青黃等。作青瘀想。二。形色。長短等形作壞爛想。三。妙觸。自他身分。細輭光澤。作虫蛆想。四。供奉。祇承適意。用死想治也。此四望大論六種鈌人相。音聲。恣態等。此不淨觀與念處觀身有異。一正助不同。彼正此助。二自他境別。彼觀自身。此想他境。三假實觀異。彼是實境。此是假想。

二多瞋衆生慈悲觀。

於違情境上忿恨不已。名曰多瞋。佛令修慈悲觀可以對治。若準禪門第四。二義通大乘境觀有三。一非理瞋。欻起瞋心。不問可否。修衆生緣慈。一切衆生。如己眷屬。二順理瞋。人實來惱我。修法緣慈。見一切法。皆從緣生。三諍論瞋。著己所解爲是。謂他說行爲非。修無緣慈。能所一體。慈即無緣。今是小乘助觀當彼第一衆生緣慈。若法界次第。則具明慈悲喜捨。

四無量心。今但慈悲。析玄準俱舍論。七周行慈。輔行九(下五)依婆沙明九周行慈。而皆不出七境三樂。謂上親。(父母師長)中親。(兄弟姊妹)下親。(朋友知識)中人。(非冤非親)下冤(害下親者)中冤(害中親者)上冤。(害上親者)三樂者。析玄上(十一)謂諸佛(上)菩薩(中)諸天(下)輔行引婆沙云。三禪(上)四事(中)經行處(下)輔行(九五)引婆沙云。問。與眾生何處樂。答。有說與三禪樂。樂中勝故。有說與四事樂。已曾得故。有說與經行處所有樂。至所住處思惟令得。(文)若析玄三樂。恐成過分。隨機之說。貴在治障。不可緊論。

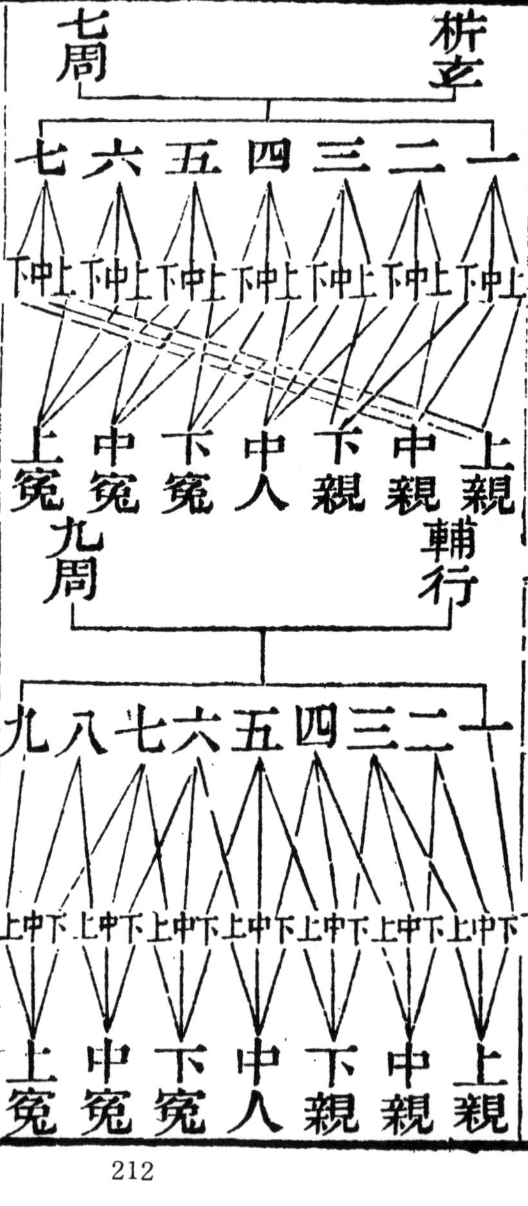

先親後冤者。從易至難。順心成觀。若析玄第六觀

方與上親下樂第七上親中樂中親下樂者。一者

次第修觀。未暇與故。二者順七周次第。每一番用

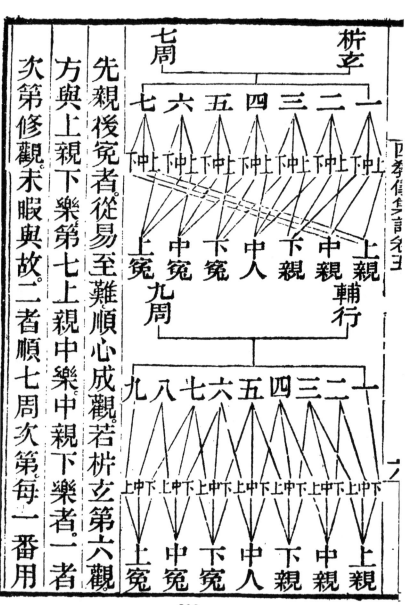

觀先與上樂中下非要故在後時與雖前後境境皆三使寃親平等以破瞋障輔行開爲九周者一順從親至寃次第與樂不待六七郄緣前親又復前境爲得不得蓋爲破障且爾運心其實前人實未得樂故析玄上云問自身有樂可施於他忽若自身無樂將何施與答自身若無樂可施即運心將餘諸天菩薩等樂而惠施之願彼寃親平等衆生得受如是等樂故又涅槃疏云雖欲拔苦實未拔苦皆是虛言雖欲與樂實未得樂此是假說又行者用觀當念寃讐如過去父母等方能寃親平

等與樂廣如枅玄上云云

三多散眾生數息觀。

攀轅思慮。與定相違故名多散。息有四相止觀八十七云有聲曰風守之則散結滯曰氣守之則結。出入不盡曰喘守之則勞不聲不滯出入俱盡曰息守之則定文數者從一至十不多不少令心不散禪門第五二有四師一師數出息不急不脹身則輕利易入三昧。二師數入息隨息內斂。三師出入無在但取所便而數。四師依四時用數。今家正依第三師。又不許出入俱數恐生病故。梵語阿那波那此云遣來入息遣去出息卽是三世諸佛入道初門通於三乘四教文用息明六妙門謂數隨止觀還淨攝心在息從一至十名之爲數細心依息知入知出故名爲隨息心靜慮名之爲止分別推析名之爲觀轉心返照名之爲還心無所依妄波不起名之爲淨如法界次第上今是小乘助道但名數息

四愚癡眾生因緣觀

迷倒不了撥無因果故曰愚癡須知著我及計斷常并執性實三皆迷倒因緣者法界次第中十七云展轉感果爲因互相由籍爲緣文如無明爲因能

與行支爲緣。乃至生支爲因。能與老死爲緣。四教義二十八云。十二因緣有三種不同。一者三世十二因緣。過去二支因。現在五支果。現在三支因。未來二支果。二者二世十二因緣。現在有十。未來有二。三者一念十二因緣。此約現在隨一念心起卽具十二因緣。三世破斷常。二世破著我。一念破性實也。文輔行七上末云。三世破斷常者。三世相續故不斷。三世迭謝故不常。又過去破常。未來破斷。現在雙破斷常。二世破我者。現未二世具十二因緣。於父生瞋。於母生愛。名爲無明。父遺體時謂是已有。名之爲行。從識支去至老死支。與三世同。文輔行八

上十云言一念者非謂極促一刹那時謂善惡業
成名爲一念異於三世二世連縛等相故名一念
皆是無常故無性實文如妙玄二十六禪門三九然
此三種因緣破愚癡者著我在內準大集及禪經說若
毗曇大經乃以界方便破著我此皆隨機宜樂也
若束十二爲三道輪轉相生者俱舍云三煩惱二
業七事亦名果雖有十二而二三爲性三謂惑業事二謂因果略果及略
因由中可比二後際略果前際略因中間廣說可比知也此準俱舍缺畧義若準婆
沙前際略果後際略因乃全略義補注十二引論具釋又云從惑生惑業從
業生於事從事事惑生有支理惟此十二因緣通名有支道理

惟若此也。此名束十二輪為三道。以能通義與輪轉義同。廣如輔行三下十四釋。

三世十二因

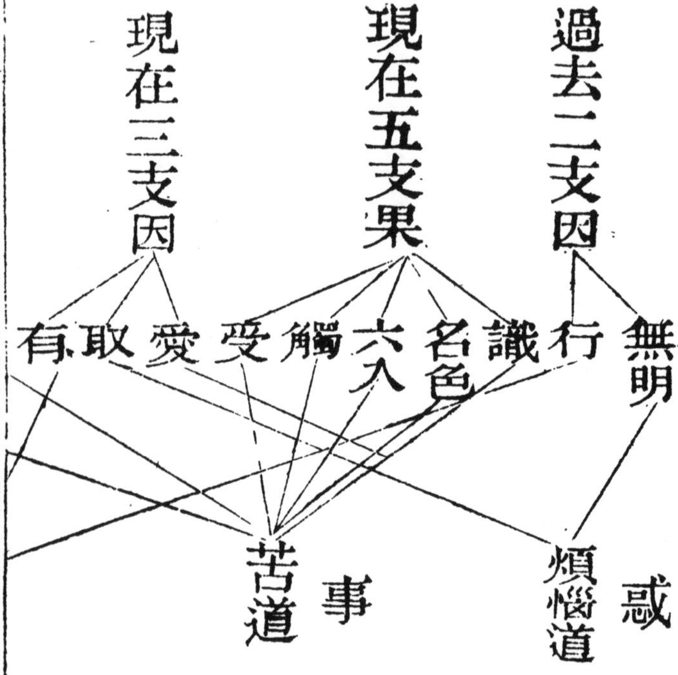

古頌云

無明愛取三煩惱。行有二支屬業道。從識至受并生死七事同名一苦道。此十二支亦名十二重城。十二棘闈。十二牽連。十二

緣

未來二支果
- 生
- 老死

業道

苦事十二輪束縛不窮故名爲輪。

釋籤
- 成論
  - 三因
    - 生因　若法生時能與作因如業爲報因
    - 習因　如習貪欲貪欲增長
    - 依因　如心心數法依色香等
  - 四緣
    - 因緣　具足三因
    - 次第緣　心心數法次第而生
    - 緣緣　如色生眼識
    - 增上緣　諸餘緣也

釋籤云若俱舍中因緣五因性。成論以所作因卽是增上故不別立但立報因卽生因是自分因卽習因是其因卽依因是

輔行大論六

- 所作因　能作
  - 俱舍　不礙於他
- 相應因　名同
  - 俱舍　心心數法同相同緣。以心心數法共相應。故名相應因。心心數法以心相應爲因。爲相應因。如親友知識和合成事。
- 共因　依因
  - 俱有　一切有爲法。各共生因。以共生故。更相佐助。如兄弟同生。互相成濟。
- 因緣
  - 卽上五因
- 次第緣
  - 心心數法次第無間相續而起

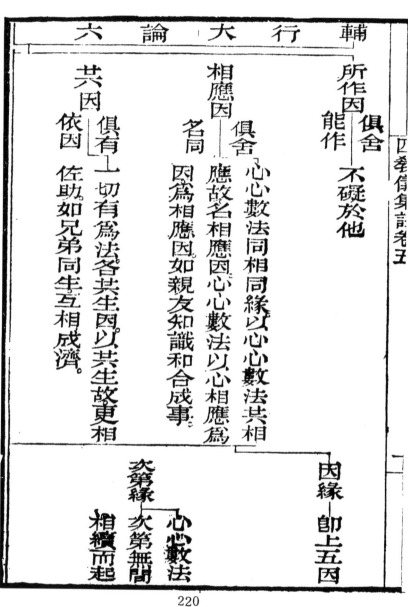

因四緣名義

自種因
- 同類　過去善法與現在善法爲因。現在善法與未來善法爲因。惡無記法亦復如是。
- 習因　一切各各有自種因。

偏因
- 偏行　苦集諦下十一偏使　苦七親　集四親　名爲偏因

報因
- 異熟
- 生因　行善惡因。得善惡報。名爲惡因。

緣緣　心心數法。託緣生故。

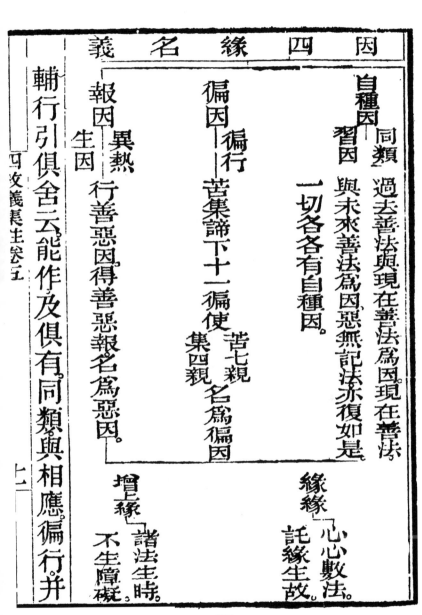

增上緣　諸法生時。不生障礙。

輔行引俱舍云。能作及俱有。同類與相應。偏行并異熟。許因爲六種。今且依大論略出六因相。以大論是一家承用。名字稍同。故且依之。乃至云。復次心心數法。從四緣生。無想滅定。從三緣生。除於緣緣。諸餘心數不相應行及色。從二緣生。除次第緣。及緣緣。餘有爲法劣。故無有從於一緣生者。報生心心數法。從五因生。除於徧因。無漏心心數法。從三因生。謂相應共及無障礙。淨名記云。十二祇是四六而已。故知但是離合說也。且如無明祇是行家之能通也。卽同類因。行必四相卽俱有也。行中五部亦同類也。見歷四諦。思歷一諦。無明行中。心心數法共

行共感所作必同。行有必招識等異熟。此行必有
徧行五部之惑。若四緣中。論云。增上即能作因緣
五因性。比六因說可知。輔行八上十云。大論問。佛
說因緣甚爲難解。云何令於癡人觀耶。答。非如牛
馬等。禪門但云。聰明利根分別籌量不得正慧邪
心取理名爲愚癡。文 此因緣觀與支佛何異。今是
助道破障畧論三世。支佛正觀破惑必須逆順兩
緣。百千萬世因緣等。
五多障衆生念佛觀。
止觀云。睡障念處。乃云逼迫障。禪門第四明三種

障念三身治。彼通大乘。今明小乘助道。　且障即惡業三種者。一昏沈暗塞障。昏睡無記。念應身三十二相治。二惡念思惟障。欲作五逆十惡等事。念報身力無畏等治。三境界逼迫障。身忽卒痛。或見無手足。火焚水溺等也。　念法身空寂無為治。文今明小乘助道。據四教義云。破境界逼迫障。合念真空法身。若以身對教。如輔行一下七云。前之三教各念一身。謂生應報。圓念法身。諸身具足。文

二別相念處。如前四念處是。

妙玄四二十三云。五障既除。觀慧諦當。能觀四諦。而正以苦諦為初門。作四念處觀。彼四顛倒。文析玄

上二十二云別謂各別身受心法不同故相謂行相觀此四法作不淨等行相故言念觀者然觀體非念觀是其慧推求觀察知不淨等故乃至處謂處所謂身受心法是念所緣住止之處故文於五陰境修四念處爲破四倒合五爲四受則六根對六塵義兼內外故獨爲一想行一向居內故合爲一文此念處別名屬慧通亦有定輔行三下十七云四境止心故名爲定文

三總相念處一觀身不淨受心法皆不淨乃至觀法無我身受心亦無我中間例知已上三科名外凡亦名資糧位

此有四句四念處一云一境別觀別正是別相念處二一境別觀總三境總觀別此二是總相之方便四境觀俱總是總相念處文初則一藥對一倒中間二句觀心漸熟或別於一境總用四觀或別用一觀總觀四境第四境觀純熟舉一俱得也若析玄準俱舍疏前三皆別相攝第四句方是總相位今依妙玄四念處初句是別後三皆總今此正當境總觀別謂別用一觀總觀四境又上停心破障四念處惟觀苦諦至內凡位方觀四諦妙玄四三十三云七賢位八明識四諦此約解說心行理外名

外凡資糧者從喻也欲越三有此爲資糧

二明內凡者有四謂煖頂忍世第一（此四位爲內凡亦名加行位又名四善根位）

漸見法性心遊理內身居有漏聖道未生故名內凡以定資慧加功用行故名加行聖道根本亦曰善根煖從喻妙玄四四廿云以別總念處觀緣四諦境能發似解伏煩惱惑得佛法氣分如鑽燧先煙春陽煖發以慧鑽境發相似解解即喻煖（此喻慧行）又如春夏積集花草自有煖生以四諦慧習眾善法。善法熏積慧解得起故名煖也（此喻行行）頂妙玄四十二四云。似解轉增。得四如意定。十六諦觀。轉更分明。在煖之上。如登山頂。觀矚四方。悉皆明了。故名頂法。文 忍。妙玄四二十四云。亦是似解增長。五種善法。增進成根。於四諦中。堪忍樂欲。文 亦忍可義。世第一。釋籤四五云。此是有漏。故名世間。於中最勝。故云第一。文 此四位觀行者。俱舍頌云。從此生煖法。從總相後。生煖善根。具觀四聖諦。修十六行觀。四諦爲所緣。十六行爲能緣。釋籤謂煖八諦。十六行相。有解八字。字恐誤。或約上二界。四諦體同。通解云八耳。其實只觀欲界四諦。此位有三品。次生頂亦然。用觀同前。亦有三品。下中忍同頂。下忍徧觀八諦。中忍縮觀。明滅緣行。今皆云同頂者。下忍雖上下遍觀。不出四諦。中忍雖滅緣行。約初觀說。上惟觀欲苦。一行一刹那此上忍合有一行二刹那心言一刹那此據滿說。世第一亦然上忍位中有二刹那。一刹那盡餘一刹那在名上忍滿。即入世第一令一刹那引入無漏故云亦然也。

七賢位修

- 一五停心 —— 觀破貪等五障
- 二別相念 —— 唯觀欲界苦諦
- 三總相念
- 四煖位 —— 但觀欲界四諦修十六行

下忍上二界同一定地合一四諦幷欲界

一五

觀行相

五頂位——四諦通觀八諦三十二行。

六忍位——中忍減緣行至一行二剎那在名中忍滿。卽入上忍釋籤云至一行者約修觀位說耳析之云中忍滿猶有二行者滿字恐誤應作位字

上忍此有一行二剎那在前一剎那盡名上忍滿卽入世第一。

七世第一——一行一剎那引入見道此位雖剎那時促亦可分三品如妙玄三入問答云云。

中忍減緣行者若遍觀八諦修三十二行名下忍位若初依欲界苦修四行次例觀上二界苦亦四行又觀欲集四行次上二界集四行乃至上二界

道下。不用最後乘之一行。名爲一周滅一行也。復從前觀從後滅至第四番滅上二界道諦下。道之一行。到此能緣之行既無。所緣之諦亦滅。此道行與道緣同名。亦與緣同滅。故云滅緣必滅行。據初一行滅行未必滅緣。據後三行第五番滅欲界道諦下乘行。乃至最初欲界苦下空行。總有三十一周滅緣滅行。皆名中忍。唯留一行。并所緣苦境。入上忍位。此位所留一行。隨行者所宜。如釋籤第四云云。是則上四下三七緣與初行同名。行與緣同滅。故釋籤四四云。七周滅緣。二十四周滅行。

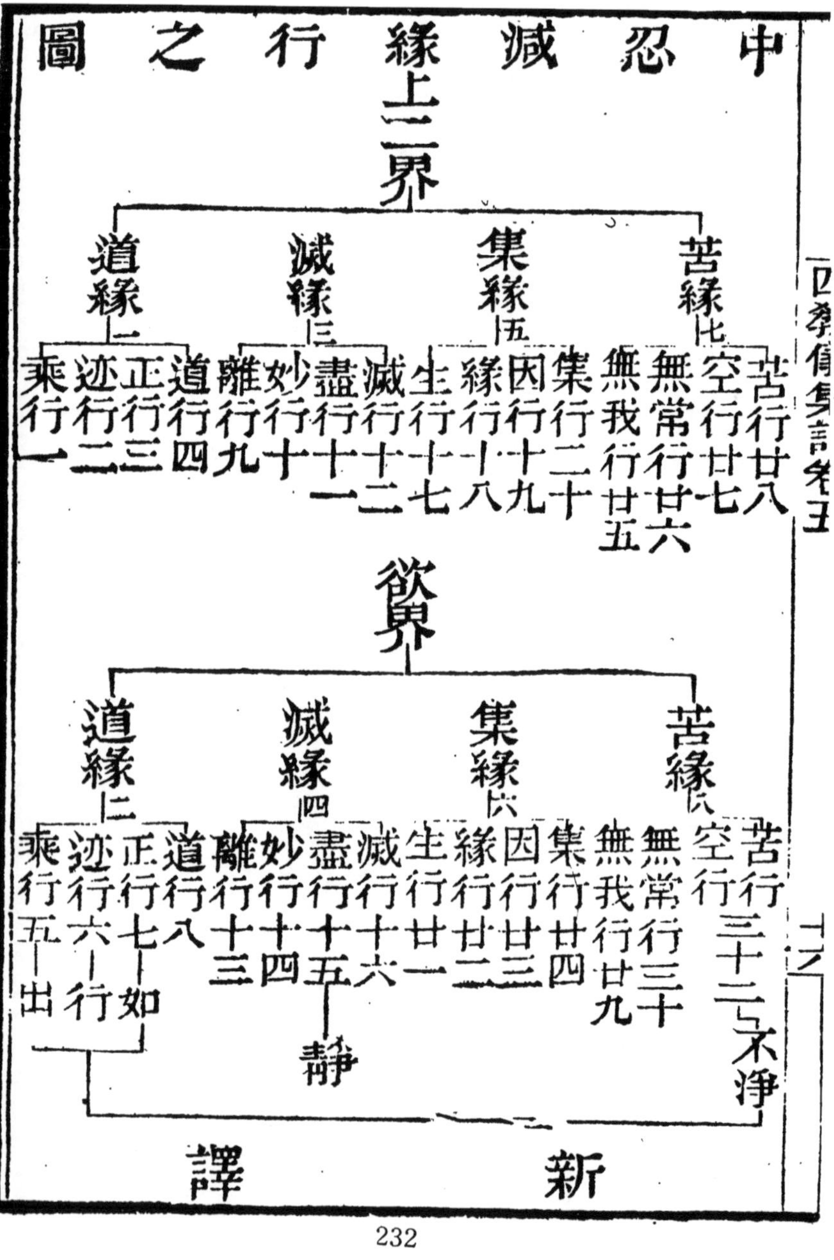
中忍減緣行之圖
上二界
道緣一
乘行一
迹行二
正行三
道行四
滅緣三
離行九
妙行十
盡行十一
滅行十二
集緣五
生行十七
緣行十八
因行十九
集行二十
苦緣七
無我行廿五
無常行廿六
空行廿七
苦行廿八
欲界
道緣二
乘行五
迹行六
正行七
道行八
出
行
如
滅緣四
離行十三
妙行十四
盡行十五
滅行十六
靜
集緣六
生行廿一
緣行廿二
因行廿三
集行廿四
苦緣八
無我行廿九
無常行三十
空行
苦行三十二
不淨
新譯

十六行義。如輔行三下十七及析玄上具釋。又上二界合一四諦者。同一定地。故以欲界現前比上而觀故。析玄五義備釋。云云此則伏三界四諦下惑。至發眞時。故上二界同名比法忍智等。又十六行。只是觀門。涅槃疏名十六諦者。取諦審觀察義故。又此滅緣行。妙玄三八合作八番者。以行從緣。但約八諦爲八周也。四教義二十二云。中忍作十番縮觀者。約後七諦。以行從緣爲七周。開欲界苦下。所滅三行爲三周。總爲十番。妙玄八八云。三番縮觀進成上忍者。以三界不出四諦。亦以行從緣。滅後三諦。故曰三番。諸文詳略不同。蓋赴機異耳。四善根勝利者。俱舍頌云。煖必至涅槃。頂終不斷善。釋籤四云。忍位是進。煖位是退。頂位是進退兩際。猶如山頂。文。四教義二二云。煖頂退者。何云性地。答。此人雖造惡墮地獄。一入受罪。不復重入。有性地善根故。能得聖果。文。且必至涅槃。與終不斷善。有何異耶。蓋煖雖造惡入獄。終不久留。後必生人天證涅槃果。若到頂位。雖退入惡。必不起大邪見斷善根故。但有明昧淺深之殊。其善根一也。忍不墮惡道。四教義二十云。下中二忍。雖起煩惱惡業。而不受三途。猶生人天。百千萬生。若上忍成。但有人天七生業在。第一入離生。此一剎那。即入見道。故同見道。離四趣生。問。前中忍中。玄文云。但作二心觀於一行。釋籤何云。彼四心同一行一緣耶。答。中忍二心。似於忍智二心也。以由忍智二心雖在世第一後心發眞而得。今中忍位有此似解。故云如似約一行說但有二心。故云但作二心。觀於一行。若釋籤云四心者。緣行各二。故云彼四心同一行一緣也。釋籤四。引論明修煖法。從欲界至無所有入地。各九品并一具縛。總七十三人。是則煖法通於三界。涅槃經。何云如是煖法是色界法非欲界有 文 須知能修之人。通於三界所發煖法依色界定發也。釋籤引評家云。盡是色界法住定地法。

文 涅槃疏作三義釋云。一多用定發煖法觀。從多爲言。二一據中間。三界皆能發於煖法。而色界居中。

故言色有三據處爲語色發煖法易欲界則難。文

上來內凡外凡總名凡位亦名七方便位。

以此七位爲入聖道之方便諸文或云五方便者。

蓋停心破障故不論總別念處但合爲一。文

台四教儀集註卷第五終

天台四教儀集註卷第六

南天竺沙門　蒙潤　集

次明聖位亦分三。一見道。初果二修道。二三果三無學道。

四果

四教義云。通名聖者。聖以正為義。捨凡性入正性。初果見理破惑名見道。二三果去重慮緣真名修道。四果惑盡名曰無學。文句八四云。研真斷惑名為學。真窮惑盡名曰無學。文然初果位從世第一後心。苦忍真明。或云苦忍明發。即欲界苦諦下苦法忍也。明發即苦法智也。謂真智明發也。於八諦下。發八忍八智。總十六心。有門以十五心。名見道。爲初果向。十六心是修道初果攝。析玄空門。以十六心名見道。爲初果。二果去方屬修道。宗計不同。不須和會。今家雖多用有門。高麗師欲令易解。且準空門。註見道是初果也。八忍八智者。俱舍頌云。前十五見道見未曾見故。世第一無間。卽緣欲界苦。生無漏法忍。忍次生法智。次緣餘界苦。生類忍類智。緣集滅道諦。各生二。亦然。

世第一後心用

苦
- 苦法忍一
- 苦法智二

集
- 集法忍五
- 集法智六

苦
- 苦類忍三
- 苦類智四

集
- 集類忍七
- 集類智八

忍因智果

亦名無礙

道解脫道

八忍八智斷見諦十六心

上二界

滅

滅類忍十一

滅類智十二

見道

道

道類忍十五

道類智十六

修道

見道

有門

空門

欲界

滅

滅法忍九

滅法智十

道

道法忍十三

道法智十四

七聖位對三道四果及向次第超越住果勝進委

如妙玄四教義明。今圖示之。

隨信行

鈍根憑他生解

須陀洹

向

行中

苦忍眞明十五

刹那進取見眞

見道

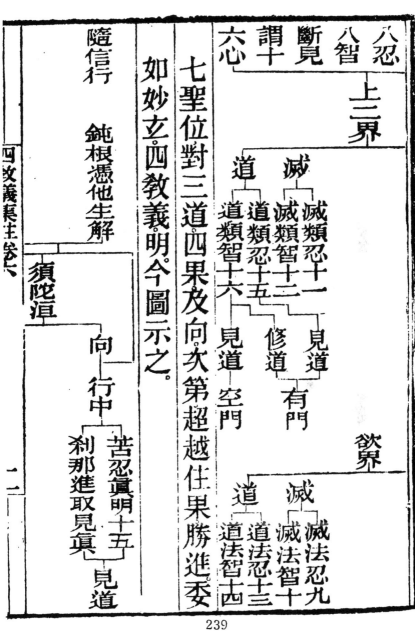

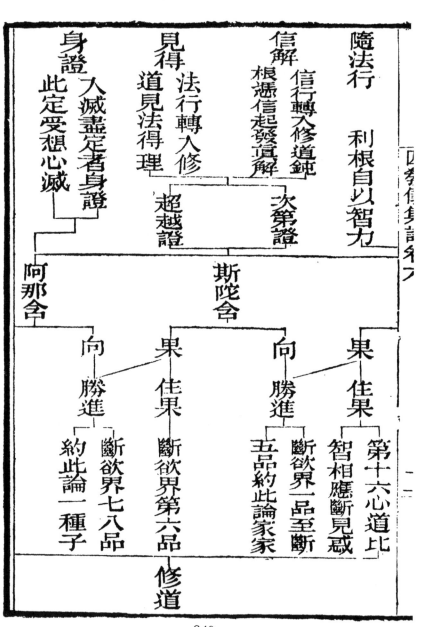

隨法行 利根自以智力

信解 信行轉入修道鈍根憑信起發真解

見得 法行轉入修道見法得理

身證 入滅盡定者身證 此定受想心滅

次第證

超越證

斯陀含

阿那含

果 住果 第十六心道比智相應斷見惑

向 勝進 斷欲界一品至斷五品約此論家家

果 住果 斷欲界第六品

向 勝進 斷欲界七八品 約此論一種子

修道

時解脫
信行鈍根待時及緣具入道也
不時解脫
法行利根能一切時進修善業不待緣具入者
阿羅漢

果
住果
斷欲界第九品

向
勝進
斷上七十一品思
約此論般那含

果
住果
斷非想第九品
無學道

一須陀洹此翻預流此位斷三界八十八使見惑見
眞諦故名爲見道又名聖位
預流者預入聖道法流金剛云入流或翻逆流逆

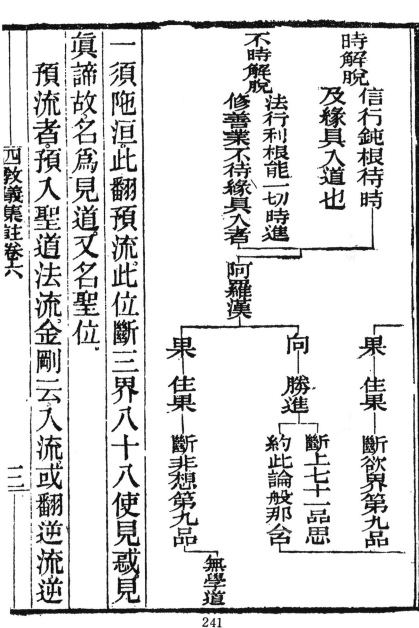

生死流也。栴玄下八名抵債不受三途業債故斷三界八十八使者何故婆沙論云二十八使見道斷餘六十使修道斷耶先達云有二種根性若等觀四諦者見道斷八十八使若不等觀四諦者見道中唯斷三界苦諦下二十八使餘三諦下見隨修道斷乃是鈍根。

二斯陀含此云一來。此位斷欲界九品思中斷前六品盡後三品猶在故更一來。

此果斷欲界九品思惑前之六品於初果之後此果之前須論家家今先明欲惑潤七番生死次通

示超次根性後別釋家家之義或有麤細故分九品無漏智力故經七生所以須七生者如輔行引成論云於七世中無漏智熟如服酥法七日病消如歌羅邏七日一變如親族法限至七代如七步蛇四大力故行至七步蛇毒力故不至八步或力至七道力非八婆沙云應云十四何故云七答中有本有數不出七故但云七乃至若總論生應云七人七天十四中有合二十八生且依前說不出七故故但云七。

以惑潤生

大三品

上　中　下

上上品　上中品　上下品　中上品　中中品　中下品　下上品　下中品　下下品

一經　二　三生　四　五損　六　七惑

古德頌

初品潤二生
二三四各一
五六共潤六
第七斷三品

得初果已不起加行任運經於七生斷九

- 次斷
  - 任斷
  - 次斷

品惑即止觀中引舊婆沙對超所論之次
也既非斷惑損生無斷惑緣。
得初果已不欲經生起大加行斷一必三。
斷五必六必無不斷大品惑盡而命終者。
前任斷以經生損惑今次斷以斷惑損生。
三緣具足得論家家即輔行所引俱舍所
頌之次斷也。

- 一本斷超

本在外道修世禪時用六行觀已斷思惑。
隨其本斷品數多少入十六心超果不同
有漏智弱抑退一位雖本得非想定今但

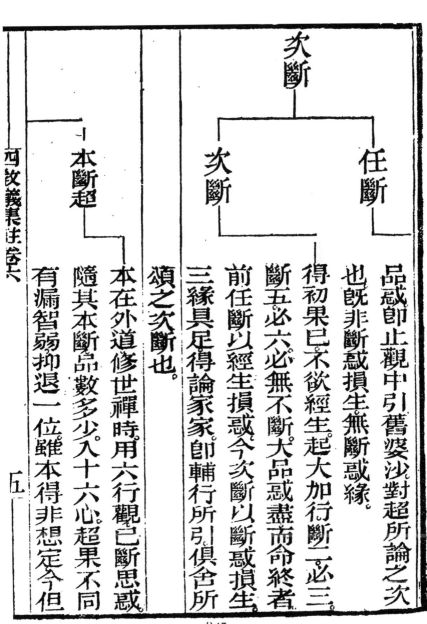

極至三果也。無成根緣。

超斷

小超

是內弟子。因時習定伏於見思。若未得禪。今入初果見惑斷時。隨所伏思與見同斷。超至五品。功齊四品。以五六二品共一生。故此亦論家家。若至八品名一種子。乃至無學向果。超果不定。

大超

本在凡地聽法聞唱善來。成阿羅漢果。無受生緣。

大大超

如佛一念正習俱盡。輔行云。正習盡者。是三藏佛耳。

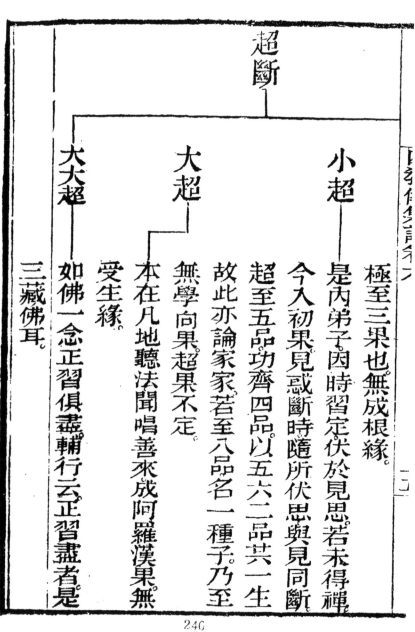

任斷者。此人非全無觀行。但不及次斷。勤加功行耳。次斷者。雖異任斷。乃對超斷。越次得名。本斷超者。輔行六上十云。本得非想定。卽是已斷下八地思至十六心。應名阿羅漢向。但名阿那含者。以凡地時。有漏智弱。但名那含。若本斷九品。今名三向。若七八品。得名二果。斷六品等。名二果向。斷五四等但名初果。文須抑退者。意令此人。此生必定起無漏聖道故。文出俱舍小超者。止觀六九云。若凡地未得禪。十六心滿。超能兼除欲惑諸品。或三兩品。輔行云。應云三四。或恐文誤。或婆沙不同卽是家家一種子等。卽是小超。

文及前文云。超斷至五品名家家。乃至八品名一種子。文輔行六上釋云。今文中言超斷者只是下文小超之人。此定止觀超斷屬小超也。本在凡地未得色定。或修欲定。欲惑未斷。此人至十六心超斷五品名爲家家。此之五品。同四品故。此文別釋小超中斷五品惑論家家者。一種人也。不可據此之文通定小超之人皆未得色定。如止觀云。若凡地未得禪。若已得禪。豈止三向。蓋小超人。其類非一。隨其本斷品之多少而得名爲家家種子。及以無學向果等名。此文通釋小超超果不定。蓋止觀文明小超人至一種子。義猶未盡。故此點云。隨其本斷等也。蓋隨其小超本位斷惑品數多少。則斷五品名家家。多則乃至極果。則知小超不可惟局三果向也。故止觀云。十六心後卽有一念超果至那含。或超至羅漢。問小超若超至四果者。止觀何故但云若凡地未得禪超能兼除欲惑諸品。答此據小超中未得色定者而言。故云若凡地未得禪超能兼除欲惑諸品。若之爲言。乃不定之辭也。況諸品之言。豈惟八品。故下卽云一種子等。問或謂小超只至三向。乃判輔行隨其本斷品之多少。謂雙點超次。而得名爲家家種子。乃別點小超。及以無學向果等名。乃別點次斷。如此可乎。答止觀雖超次對辯。輔行唯指小超。如云今文中言超斷者。卽是下文小超之人。乃至云此之五品同四品故。隨其本斷品之多少等。乃釋小超一連之支。豈可分擘對當耶。問。止觀超次對辯。何故小超只至一種子耶。答。小超一種子已前與次斷異。若三果後。與次斷同。故止觀不論也。問。或謂十六心後。一念超果至那含屬本斷超。超至羅漢屬大超者。且小超何不預那。答。本斷超人。豈止那含。若大超人。凡地聞唱善來。即證羅漢。何得云十六心後。問。小超既至羅漢。與大超何別。答。以小超凡地修觀伏於見思。至十六心超果不定。若大超人。凡地一呼善來。直超四果。與小超自不侔矣。次釋家家之義。家家者。受生處不一也。

人中三洲張王不同天上六欲宮殿等別故論天家家人家家不等家家平等家家輔行六上六云家家者有二不同謂天及人天謂欲天三二家生而證圓寂此天家家人謂人處或三二家或三二洲而證圓寂此人家家已上皆平等家家也若天三生天三人二若天二生天二人一天不等家家人生三二反此可知人不等家家故天家家先於人中得見道已若超若次進斷三四後於天中三二處生人中反此天家家者於最後生天中餘殘結斷名得圓寂人中家家準此可知然輔行云三二生而證圓寂卽四果也此是家家種性不可作尋常斷九品或得三果釋

也。俱舍頌云，欲斷三四品，三二生家家。此二句正頌家家斷三品則損四生後三生在論三生家家若斷四品則損五生後二生在論二生家家。斷五至二向。斷至五品名二果向。斷六一來果。斷七或八品。一生名一間。斷至七品或入八品，猶有一生間隔。此據命終者。此則第三向。此據不命終者而向三果。斷九不還果。已上論頌正頌加行次斷備乎九種根性。輔行問，何緣無斷一品二品及斷五品名家家耶。答，加行次人斷二必三，斷五必六，必無不斷。大品惑盡而命終者。輔行云，此次斷義與今文同，蓋指俱舍加行次斷與止觀所引婆沙小超是同。問，次斷之人，必斷大品惑盡，何故斷四不至五六。又斷八品。何不至九。答。斷初大品已。既有餘力。故更進斷第四也。不至九者。以有得果越界二義故。六唯得果無越界義。是故斷五必至於六。二三品中全無二義。斷二必三。於理無疑。問。還有斷一二品論五四生家家否。答。既斷二必三。豈惟一耶。問。還有斷六品論一生家家否。答。家家者受生處不一。既唯一生則不論也。問。斷五至二向還可於此論功齊四品。論家家否。答。加行次人既斷五必六。不同小超也。三緣具足方論家家。俱舍云。即預流者進斷修惑。若三緣具轉名家家。一斷惑緣。

斷欲修惑三四品故。此揀異任斷。二成根緣得能治彼三四。成無漏根故。此揀異本斷超。三受生緣更受欲有。三二生故。此揀異大超。頌中但說初後緣者。斷欲三四品。即斷惑緣。三二生家家。即受生緣。論中既云預流果後進斷修惑。即是治彼三四。成無漏根。義準已成。故不具說。三緣缺一。非家家之義。若斷七八。亦具三緣。轉名一間。此約次斷。若小超人。既論家家。三緣必具。輔行六上。若超若次。進斷三四。文得非小超亦至三四品耶。彼釋家家三二處生。故以五品。功齊四品。而總言耳。非謂小超至四品也。又復小超至五品。而不至六者。由得果義故。止觀六引婆沙云。次斷五品。名斯陁含向。超斷五品。名家家。次斷六品名斯陀含果。超斷六品名一往來。次斷七品八品。名阿那含向。超斷八品。名一種子。文 問。次斷五品名二向。超斷五品名家家。又斯陁含與一往來。那含向。與一種子。其義無別。何分超次。答。由命終不命終。經生不經生異也。蓋次斷五品名二向者。此八既不命終。向二果也。超斷五品名家家者。此既命終。雖斷五品。功齊四品。以論家家。下二例說。故三緣具足得受一間。正取命終一生間隔。三緣不具。不受一間之名。但名阿那含向。正取不經生者。向三果也。然教門方便論家家者。爲令聖者畏經生故。速得證果。若任斷人。既經生損惑。故不說也。

三阿那含。此云不來。此位斷欲殘思盡。進斷上八地思。

此果斷欲界下三品思盡。進斷上八地思。取證四果。而般涅槃。此云滅度就此釋般那含。此名從略。乃是般涅槃之阿那含也。舊對家家稱爲般。般義無所準。又此且論有餘涅槃。俱舍論云。般涅槃者。謂有餘依。有餘師說。亦無餘依。此不應理。彼應捨壽無自在故止觀六五云次斷初禪初品至非想第八品凡七十一品悉名阿羅漢向六種那含位在其中此是任斷根性輔行六上六引大論七種一中般二生般三有行般四無行般五上流般色界六現般欲界七無色般俱舍七種前五如大論第六却取無色般輔行脫一無字乃云但取色般并五爲六第七方立現般荊溪謂俱舍不立現般指七種中第六不立耳非謂論文不明現般據二論六種一立一不立對釋止觀六種那含故有此言但諸文種數多少今準俱舍三界七種圖示然後對揀須云此中生有行無行般涅槃

上流若雜修。能往色究竟超半超徧沒餘能往有頂。餘字指不雜修。有頂非非想處。行無色有四。住此般涅槃。輔行六上幷玄具釋論頌七種。先色次無色。後欲般。今圖順三界次第。

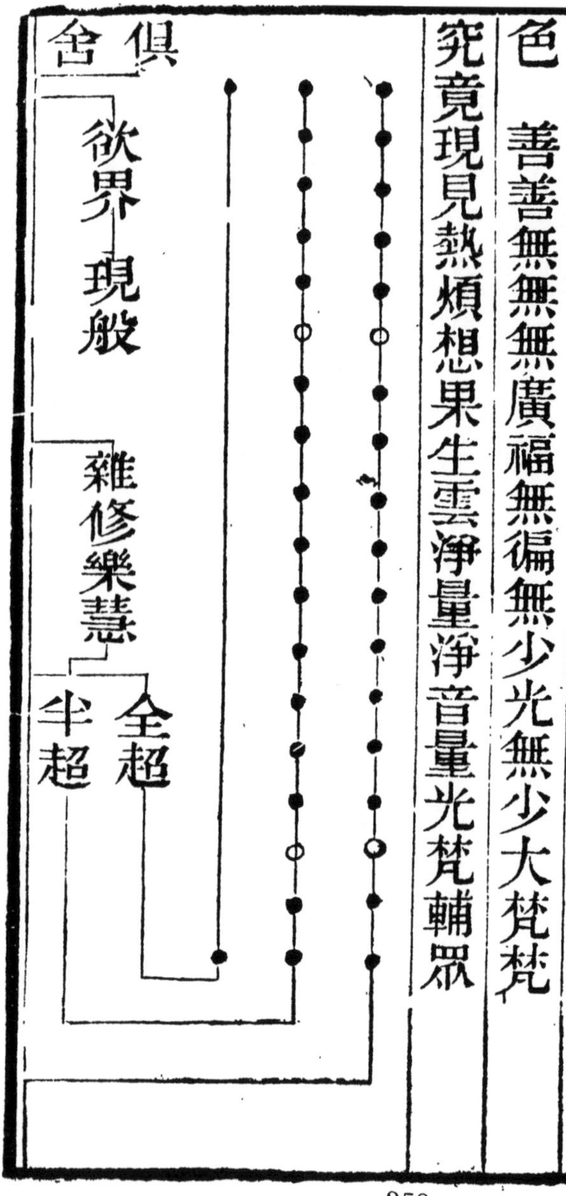

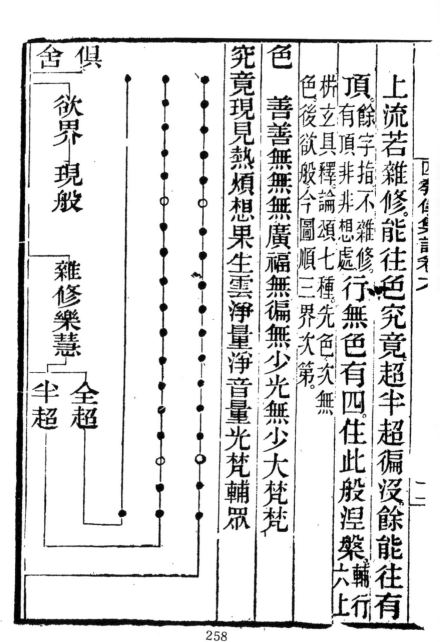

三界七種那含

- 色界
  - 一中般
  - 二生般
  - 三有行
  - 四無行
  - 五上流
- 無色
  - 六無色
    - 生般
    - 有行
    - 無行
    - 上流
      - 從欲界沒
      - 徑生無色
    - 不雜修樂定
      - 全超
      - 半超
      - 偏沒
  - 偏沒

此與雜修。大同小異超半超偏沒故大同不生五淨居故小異雖往非想只是色般根性。

大論七種名同俱舍。列次小異。如下圖示俱舍論云。行無色者。差別有四。謂在欲界離色界貪。從此命終。生於無色。此并前五。成六。不還。復有不行色無色界。卽住於此。現般涅槃。并前六。爲七。全超。謂在欲界於四禪中已徧雜修遇緣退失從梵衆沒生色究竟中間盡越故名全超半超梵衆沒已中間漸受十四天處或超一二乃至十三後乃方生色究竟天皆名半超非全超故通受半名徧沒全不能超名為徧沒色界徧沒即十六天大梵是天主我慢無想是外道所居聖者不生此二天也俱舍復有九種即於色般合五為三有行無行皆生般攝即開三為九頌云行色界有九謂三各分三業惑根有殊致成三九別

大論七種

二生—二生

三有行—三有行

四無行—四無行

五上流—五上流

六現般—六無色

七無色—七現般

俱舍七種

荊溪特指第六一種者以對止觀六種那含位在其中也

色界九

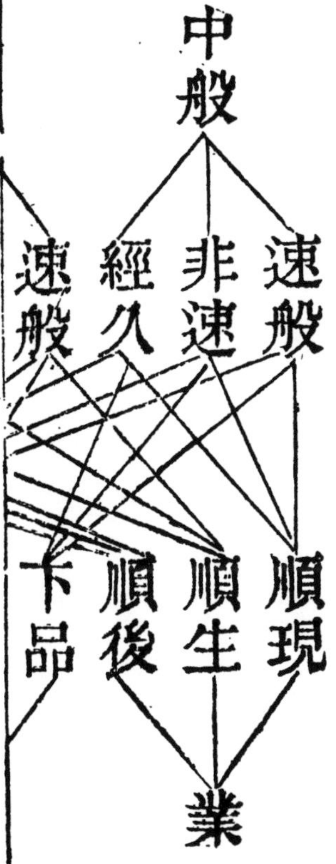

即於色般合五爲三。有行無行皆生般攝

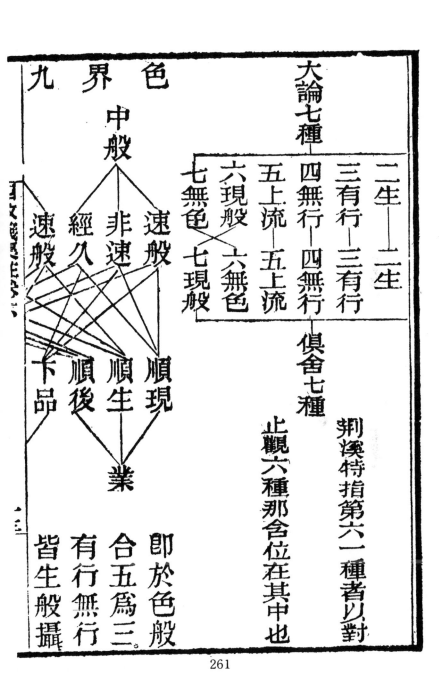

種般圖

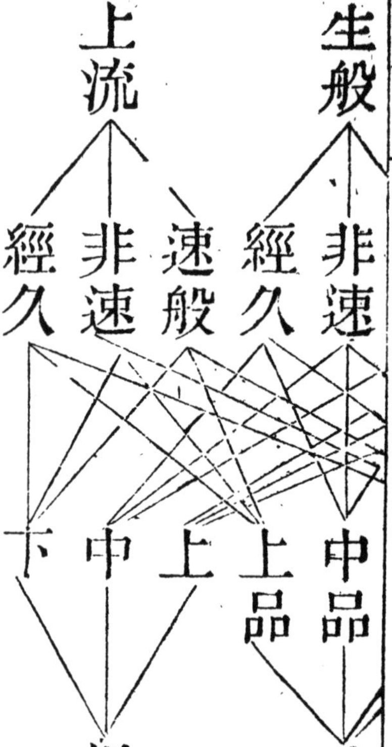

即開三爲九。釋籤五十八引論備釋。

諸文或云五種。獨指色般。或云八種。三界七中加不定般。補註十四初引婆沙三界般中遍有不定。進老示不定相。乃約期心欲界便般涅槃。或未能克郤生上界而取證也。或期生上界。忽發宿習。欲界即證。色無色準說可知。雜心論七種妙玄所用。於色界五初開中爲三。速非速并經久。後四成七。毗曇有一萬二千九百六十種般。如釋籤第五具示色界中般者。初離欲界生色界時。厭苦心切。即在中有而般涅槃。故屬色攝。若至色界。上生餘天。雖有中有。不得論般。為無宿習。厭苦力故。如栰玄下無色不立中般者。指歸鈔十八云。經云。無色眾生無有中陰者。毗曇法中說除四空。餘一切處定有中陰。以無色界無處所故。文俱舍明隨於何處得無色定。於命終時。即生無色。圖中引五差者。謂下中上上勝上極。輔行六上三析玄下三十委釋行相。由此五禪生五淨居。又樂論議者。恐就下界修觀時說。非生淨居有論議也。以二禪上無語言

故。文

四阿羅漢。此云無學。又云無生。又云殺賊。又云應供。

此位斷見思俱盡。子縛已斷。果縛猶在。名有餘涅槃。若灰身滅智。名無餘涅槃。又名孤調解脫。略明聲聞位竟。

此位斷上八地七十二品思俱盡。四智已圓。我生已盡。梵行已立。所作已辦。不受後有。無法可學。名無學果。亦名究竟。如栟玄下

阿羅漢者。文句一云。或言無翻。含三義。故淨名疏十引智論釋云。一殺賊。從破惡以得名。二不生。從怖魔以受稱。三應供。因乞士以成德。文因果對釋多

含不翻。乃今家正意。以三義翻之。乃順古耳。若釋比丘。因名乞士等。對舉果名。蓋欲顯大比丘之階位也。如法華文句。及觀經疏。又前標聲聞通凡聖位。若阿羅漢。局第四果。此位修三昧。一名金剛。二名重空。三名電光。上二名。如妙玄第四。電光。如止觀第九。電光義通初果。金剛通前五種羅漢。重空別在不動羅漢所修。此果別號。二種。三種。六種。九種。及果性退不退義。今歷示之。先明二種。

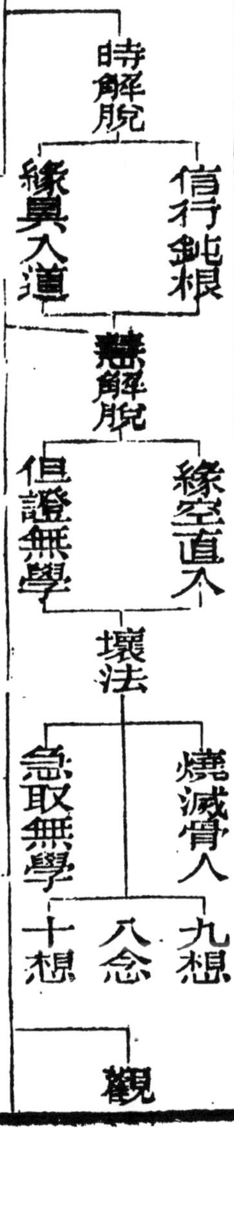

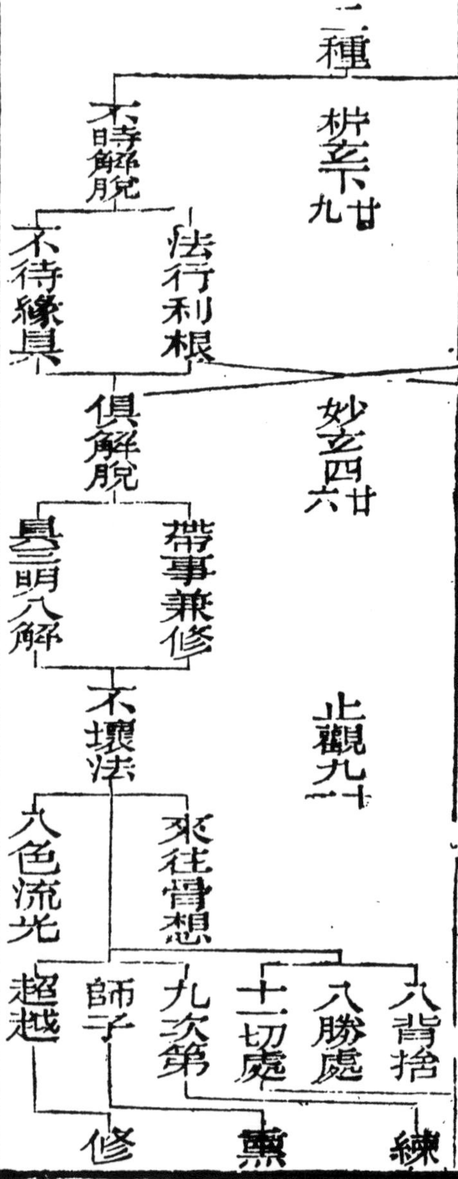

初時不時從緣得名。次慧俱約觀立號。三壞不壞
依境受稱也。或準正理論以時不時敵對慧俱。若
準妙玄四廿六及四教義一十六信行法行各二。不得
滅盡定者但是慧解脫。得滅盡定者名俱解解脫。舊

云敵對乃從正從多各對則旁正兼舉以信行亦有帶事兼修法行亦有緣空直入若壞法不壞法與慧俱同舊約五義揀判慧俱一約性共慧人修性念處俱人修共念處四教義二約正助慧人正道斷結俱人兼修助道光明句中四教義二三約事理直緣眞理名慧解脫帶事兼修名俱解脫事者一帶根本四禪俱人亦依世禪修六行觀故二帶無漏禪慧人但至觀禪俱人具修觀練熏修止觀第九籤抄亦有少分慧脫全分慧脫此有三根全無四禪下根也能修一禪至四禪中根也能修無漏禪至九想十想上根也俱人能修一二三禪下根具四禪中根修觀練熏修上根也妙樂二二云四禪一切羅漢並得次觀等

四俱解脫人。三得滅盡定如妙玄四廿六已上三事俱人方乃具足。兼得也。四約神變慧人十四變化俱人十八變文句一五約三明八解俱人則具慧人則無。若輔行云通通於六明唯局三。天眼宿命漏盡三也。諸羅漢皆能得之。文此有闕具之義。婆沙云若有一明二明名慧解脫。文準知俱人三明具足。亦明三種。

慧解脫

性念處

一切智外道

性念處者。亦名自性念處緣理斷結除自性過。

共念處者正助合修緣

三種
- 俱解脫
- 無疑解脫

修
- 共念處
- 緣念處

破
- 神通外道
- 文字外道

念處者。緣佛三藏。及世間文字。所緣處廣也。具如四念處一。四教義二。俱舍亦有三種羅漢。各論三念處。

慧俱略如上。無疑者。三藏教法。四韋駄典。天文地理。一切通達。故曰無疑。四教義二云。問。不應別說無疑。九種羅漢。無此名目。答。此出智度論明。欲結集法藏。集千羅漢。皆得共解脫。無疑解脫也。文既是大論開出。在佛世時俱八所攝。佛世且明。自行

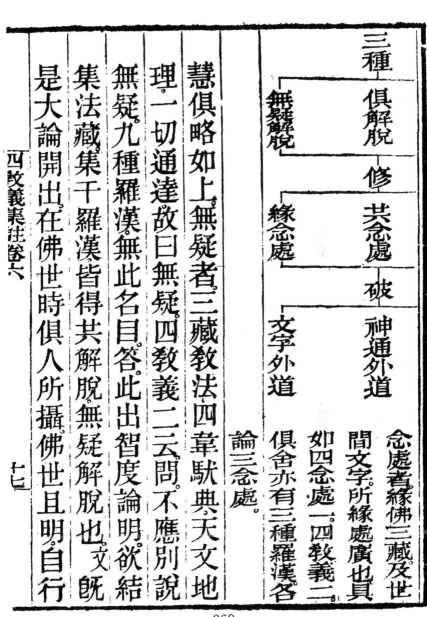

入道是故諸文只云慧俱六種九種皆無此名若
法者與不動法名集論明六種中有無疑
異義一非今無疑釋籤五十九云得滅盡定但名俱
解脫人以未修緣念處終非無疑解脫也文故知
無疑乃俱人中勝者耳小大言之慧俱並小無疑
乃名大阿羅漢妙樂一十二引中阿含舍利弗問五
百比丘幾三明幾俱解脫幾慧解脫佛言九十八
三明九十三俱解脫餘但慧解脫荊溪云三明者
即無疑解脫文須知三明是俱人得取其勝者復
云無疑也後明六種附揀七種及列九種然後約
六種明果性退否

六種

妙玄四廿六
釋籤五十九

退法

析玄云。因遇違緣。退失所得法故。籤云。謂退思法。心生厭故文。婆沙明。憍底迦六反退失阿羅漢果。第七恐退。以刀自害。纔至咽半。已得漏盡。及至斷頸。已取涅槃文。不同凡夫捨命而已。

思法

常自思維所得之法。恐有退失故。婆沙亦云。心生厭故。持刀自害。成論稱爲死法。舊婆沙云憶法。舊俱舍名自害法。集論名△。其義一也。

護法

於己所證。心生愛樂。善守護故。故舊俱舍稱守護法。

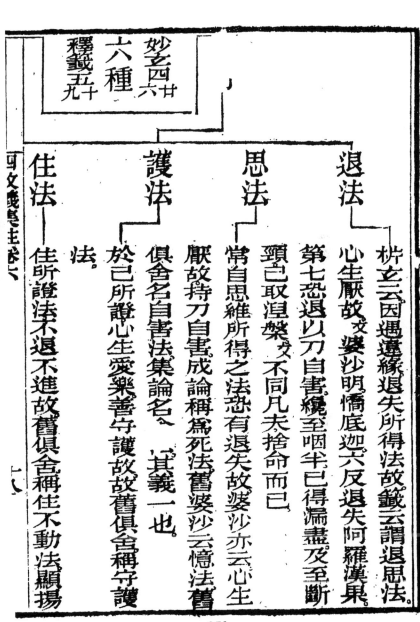

住法

住所證法。不退不進故。舊俱舍稱住不動法。顯揚聖教論稱不動法。非後之不動也。

法行
- 進法
  - 能進至不動故。新俱舍稱堪達法。枏玄所用集論稱分別法。明了能進法故。
- 不動法
  - 本住不動。不被煩惱所退動也。舊俱舍稱不壞法。顯揚聖教論稱不退法。集論名無疑法。利根不動於法無疑。譯師不同。以義會之可也。

附明七種
- 新婆沙。於第六本住不動。又開練根不動。則成七種。正理論云。不動分二。後先別故。先不動性。及後練根得不動性。文旣第六開出。故不別示七種也。

釋籤五引福田經九無學。思進退不退
- 思死只是一種。恐

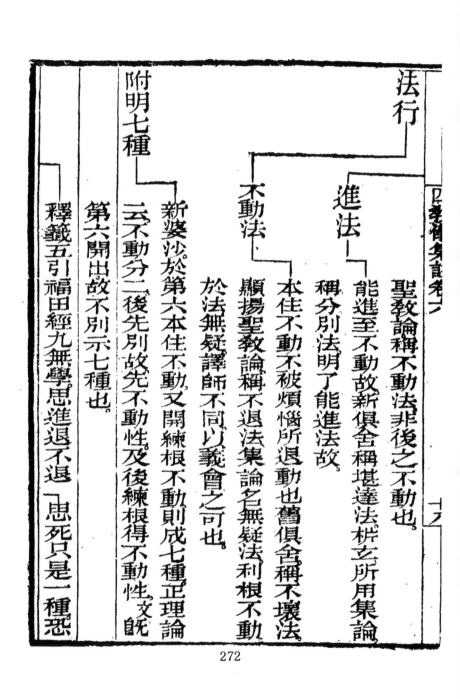

九種 不動住護慧俱輔行三下。引成論無學爲九。退護住思死不退慧俱不壞。脫一進字列次少殊義旨會

六種約根性。慧俱約觀行。九種乃根性觀行兼舉耳。又九是空門二十七賢聖中之無學。爲答福田長者所問。顯福田之多。赴機生善故。又六種明二加行差別。如析玄下廿九一者恆時加行。卽勤修行。二者尊重加行。卽猛利修行。六種羅漢。前二種俱無加行。第三護法。惟有恆時無尊重。第四住法。惟尊重無恆時。第五。第六。皆具二加行也。果性退否者。俱舍頌云。阿羅漢有六。退法至不動。前五信解生。信行。轉入修道名信解。總名時解脫。後不時解脫。從前見至生。見得亦名見至。亦是法行轉入之名。有是

先種性有後練根得。六種羅漢。有先世種性定者。有後來修練根性轉劣成勝者。如本是退法。練成思法。乃至不動。或思練成護。乃至進練成不動。唯初退法。是先種性無練根者。又練根通資加修三位。唯除見道以時速不能轉根故。**四從種性退。**第一退法最下無處可退。第六利根不退。唯中間四種根性有退。如第二退爲第一。乃至第五退爲第四。又此退性。乃定練根。非先定根性也。**五從果非先**前五種從無學果退居學位。第六則不退也。亦是練根論退。非先種性也。非先二字。總頌果性。二種退者。若析玄辨果退非先中云。如第三護法。若先是退法。至果練成護法。則有果退。若先是思法。後練成護法。則無果退。乃至結云。卽知果退。惟約先是退法。若先是思法等。四性必無果退。文此似卽就退法根性論之。**非先有退者。但據餘四說。**此釋伏疑也。蓋上云五從果非先。然於退法。本先種性。何故併云五從果非先。故卽釋云。非先有退等也。則果退雖在前五。若論非先。唯中間四。第一退法。雖無練根。不論性退。亦論果退。思護住進。若退法練尚論果退。況本是退法。豈不退耶。人。不動盡智後必起無生智。第六於盡智後。能起無生智。所以果性皆不論退。餘五有退。以不起無生智故。本住不動。練根不動。皆無退義。餘盡或正見。五種盡智後。或但起正見。此應果皆有。盡智後正見。六種應果皆有。已上頌語取析玄意略注。

且羅漢見思已盡。已證無學。所以有退者。考論祖誥。妙玄四十六。止觀九上二十。輔行九上十五。蓋信行慧解脫人。不修事禪。不得滅盡定。或世智斷惑。但得盡智。不得無生智。遇著違緣。還起煩惱。故有退也。違緣者。一長病。二遠行。三諫諍。四營事。五多讀誦。又大經明五緣。一樂多事。二樂說世事。三樂睡眠。四樂近在家。五樂多遊行。又析玄謂非先種性者。但是無學一

道所成不得堅固故有退。若是先種性由學無學

二道資持堅固故無退。彼文更有果退性不退等四句分別。

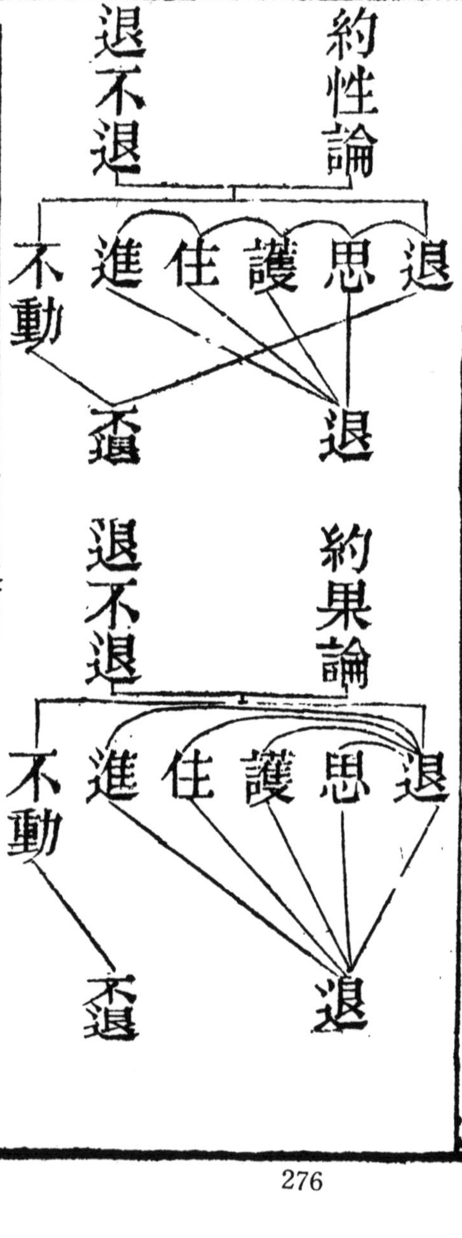

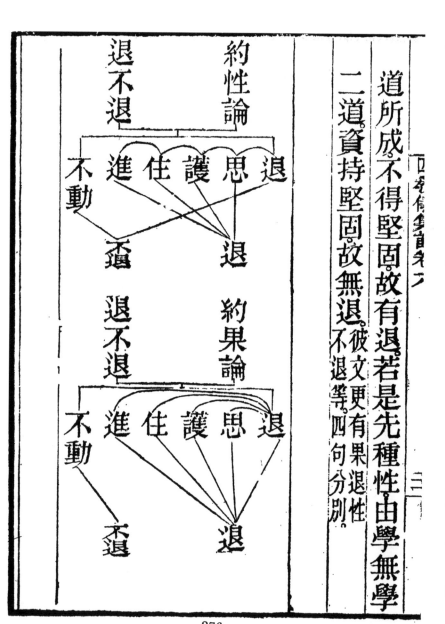

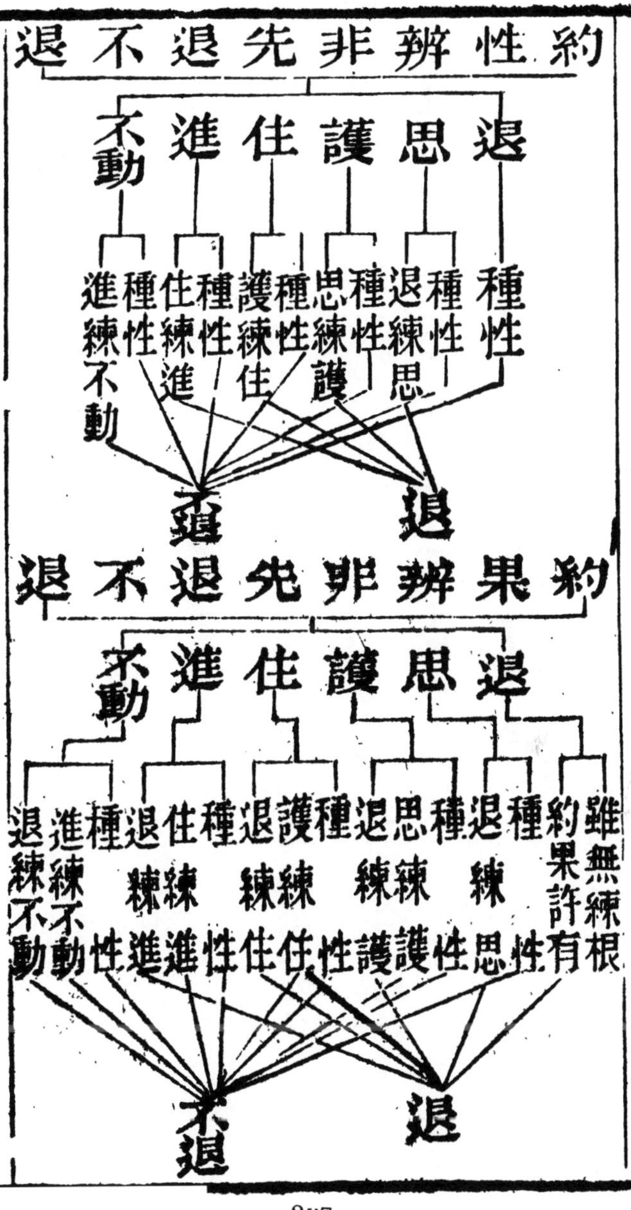
約性辨非先退不退
退
思
護
住
進
不動
種性
種性
退練思
種性
思練護
種性
護練住
種性
住練進
種性
進練不動
退
不退
約果辨非先退不退
退
思
護
住
進
不動
雖無練根
約果許有
種性
退練思
種性
思練護
退練護
種性
護練住
退練住
種性
住練進
退練進
種性
進練不動
退練不動
退
不退

然前五種未必全退。有遇違緣者。故有退耳。故輔行九上十五云。然慧解脫亦不併退。有退義故。故說有退。文又退者非久。輔行云。問。退經幾時。答。經少時。乃至自不知退。若自知退。當修勝進方便。復次彼煩惱現在前時。心生慚愧。速作方便。如明眼人。晝日平地顛蹶。尋即還起。文釋籤云。此生之中必得無疑。極至臨終。亦得無學故也。文五十九或曰前時不時。各有慧。俱不動。既從時解脫生。得非六種。皆有退義耶。答。慧人未必一向論退。恐只鈍根有漏智斷。遇違緣者退。今復圖示。

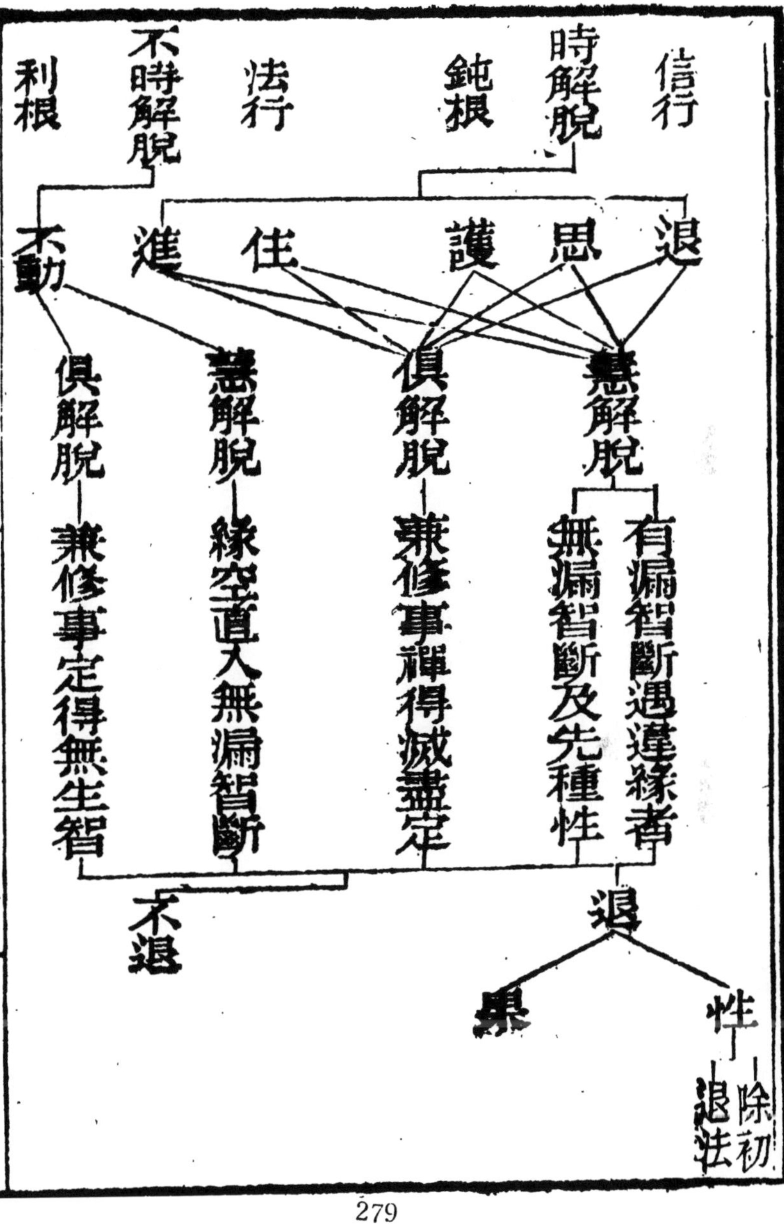
信行
時解脫
鈍根
法行
不時解脫
利根
退
思
護
住
進
不動
慧解脫
俱解脫
慧解脫
俱解脫
有漏智斷遇違緣者
無漏智斷及先種性
兼修事禪得滅盡定
緣空道大無漏智斷
兼修事定得無生智
退
不退
性
果
除初
退法

六種論退局第四果。通辨四果退不退者。析玄引三家。一薩婆多云。初果不退。後三果退。二大眾部云。前三果退。第四不退。三經部宗云。初四兩果不退。中間二果有退。廣如彼文彼但註云。三師難定。今恐成諍。略爲和融。輔行九上十五引婆沙云。阿羅漢退牽二三果退。猶如井沙。上下有甎。中間唯沙。上甎若頹。從上至下。其中間沙。豈得不頹。四果如上甎。二果如中沙。初果如底下。乃至初果之前。更無有退。若彼退時。更無住處。文不可勝退。爲凡夫也。合彼初師。然見道无有不等觀四諦。如婆沙云。二十八使見道斷餘六十使修道斷先斷三界苦下見惑見既分盡。果理未圓。例如身子六住倘退。又後三果中斷惑之智通漏無漏。是則四果俱退。俱不退。三師之說。皆無妨礙。子縛者見思煩惱。果縛者五陰報質也。灰身卽滅戒身。定身。解脫身。解脫知見中半分。滅智卽滅慧身。解脫知見中半分則五分法身俱滅也。然身子入滅而均提答佛。何云五分法身不滅耶。釋籤十云。無作之業。至未來世。名為不滅。非常住不滅也。文無作業者。乃功熏耳。云云孤調解脫者。輔行三上十二云。灰身故無身。滅智故無智。獨一解脫。故曰孤調。妙玄取獨滅義。亦名孤調涅槃。名獨滅者。輔行引大論云。小乘戒爲自調 爲自淨。慧爲自度。文 然斷欲九品。立二三果。上八地思惟一無學者。止觀六 七 云。如險處多難。多須城壁。欲界多難。多果休息也。文七 六 故知上界定地少難。唯立一果。若爾。七聖中。二爲見道。信行法行 二爲修道。信解見得 二爲無學道。時解脫不時解脫。不復以身證對四果向者何耶。有云位隣無學。將斷非非想惑。特立此位。如別圓之有等覺也。今謂空有二論。設位不等。教門方便多少隨宜耳。妙玄明身證得滅盡定。約似證

也。成論云。不得滅盡定名身證者。對四果眞證。奪
而言之。
次名緣覺。亦名獨覺。
輔行九下十五引大論二十一云。迦羅此翻緣覺。亦
名獨覺。文 四教義二十八標云。辟支迦羅。此翻緣覺
釋中開二。謂 覺獨覺。新譯華嚴音義云。二名各
有梵語。畢勒支底迦。此名各各獨行。佛者覺也。鉢
羅底迦。此翻緣覺。翻譯名義亦開二名辟支迦羅。名通二種。
若畢勒支底迦。局在獨覺。此皆梵音賒切故也。緣
覺者。觀內因緣。稟佛教法。獨覺者。觀外因緣。無師

自悟文句四七　引大論云獨覺者出無佛世緣覺者願生佛世文　俱舍明獨覺自有二種一麟喻二部行如析玄上　已上名義各釋若集解云慈恩基師引仁王經列獨覺衆又云釋迦出世五百獨覺從山中來至於佛所學者如何消釋此耶文　補註六亦引而釋曰本是聲聞根性以緣悟菩提故名支佛文　然仁王經初本無獨覺之名但云復有八百萬億大仙緣覺慈恩意以緣覺一衆諸經兼聲聞而列之若二乘別列如仁王也然經云緣覺慈恩稱獨覺者蓋根性不異名義互通如緣覺稱獨覺者

雖值於佛。樂獨善寂故。卽慈恩所云是也。獨覺稱
緣覺者。雖無師敎。觀外因緣故。如光明經云。或不
恭敬緣覺菩薩。智者科爲懺無佛世。敬田惡業是
也。又獨覺亦通見佛。文句四七引華嚴等獨覺有三
類。一者知佛出世。卽先入滅。或佛神力。徙於他土。
二者出無佛世。三者雖生佛世。願見佛故。不卽捨
壽。亦不被移。文中義具此三。五百獨覺。從山中來者。卽第
三類。通義雖爾。別釋如前。又二辟支各有大小。準
輔行九下十五。有三義。一具相名大。不具名小。二兩大
中現通者大。無通者小。三現通中說法者大。不說

者小。又四教義（四）宿世偏修性念處者小。兼修共念處者大。又先達立漸頓二義。如輔行等。七生初果。後方極證爲小。頓證爲大。若與聲聞對辨者。如文句七（廿六）云。二乘六義同。十義別。同出三界。同盡無生。同斷正使。同得有餘無餘。同得一切智。同名小乘。別開十義者。行因久近。六十劫百劫故。一根利鈍。二從緣獨悟。三無悲鹿羊（四聲聞如羊驚絕奔走辟支佛如鹿並馳並顧）有相無相。五觀廣略。六能說得四果法不能說法得煥法。七（有云支佛能說法令人得四果聲聞不能說法不能令人得煥法）在佛世不在佛世。八頓證漸證。九多現通。少說法。

聲聞不定十 文中六十劫百劫者枅玄上一 明修行聲聞利者三生鈍者六十劫支佛利者四生鈍者百劫文 然則聲聞勝支佛耶聲聞但入見道支佛極證無學還以支佛爲勝又有相者支佛無相者聲聞分別功德論五卷初謂字函云身子有七相目連有五相阿難二十相獨難陀有三十相難陀金色阿難銀色文 是則聲聞亦有相耶須知元是聲聞根性不論種相若是支佛轉爲聲聞不妨有相四教義二云迦葉舍利弗等皆是辟支根性人也文 若文句解形色憔悴謂二乘不修相好此以大形

小。不可爲並。又根利鈍者。別對支佛是法行。聲聞是信行。通論各有信法二行。文句五三十一妙樂六二十八諸文更有侵習不侵習。亦由根利鈍故。支佛不制分果。四教義二釋小獨覺云。本是學人。在人間生。或須陀洹七生既滿。不受八生。自悟成道。輔行亦云七生初果此是聲聞根性。出無佛世。後證支佛。是故云爾。非分果也。若般若經明獨覺向。此則無妨大乘同性經明支佛十地。此乃兼說耳別行疏云。支佛侵習爲淺處通教菩薩正習盡名彼岸。文此以三藏支佛與通菩薩共論疏記上云。支佛修行。不立分果。深觀緣起。久種三多。作福供佛聞法福慧既隆預侵二習預進也此釋支佛侵習之所以也不可連下文作難雖未發眞眞無漏智四流莫動欲有見無明名得淺處支佛向中伏惑頓證極果名到彼岸此以支佛向與支佛自論通教菩薩正盡得淺處習盡到彼岸文此約通菩薩正盡習盡自論舊謂支佛必須發眞方侵習氣別行疏記云預侵二習復云雖未發眞此謂難也須知疏中以三藏支佛與通菩薩共論淺處彼岸記中義開二人各論不可謂記文正釋疏中支佛侵習爲淺處以預侵二習連下雖未發眞而作難也若如上注釋則無妨矣

値佛出世稟十二因緣教所謂一無明煩惱障煩惱道過去一切煩惱皆是無明體卽是癡迷闇爲性無所明了故曰無明註云煩惱障煩惱道者輔行三

下十四云。能蔽聖道。故名爲障。展轉互通。故名爲道。並從過患。功能立名。文

二行。業障業道此二支屬過去

造作名行。於過去世。造作諸業也。

三識。托胎一分氣息

旣有惑業。以生垢心。故父母交會時。意識妄念投托母胎。一剎那間有了別義。名之爲識。托胎一分氣息。止觀九廿一云。初托胎名歌羅邏。此時卽具三事。一命。二煖。三識。是中有報風。依風名爲命。精血不臭不爛名爲煖。是中心意名爲識。文　此時便隨

母氣息上下出入也。

四名色。名是心色是質

從托胎後。五個七日名形位。生諸根形四支差別。故雖有身根及意根。未有眼等餘四根。故六處未圓。皆是名色攝。名是心。色是質者。四蘊是心。一蘊是色。質礙曰色。心但有名也。

五六入。六根成此胎中

從名色後。至第六七日。名髮毛爪齒位。七七日名具根位。五根圓滿。故六根成者。輔行四下廿一云。十九七日諸根具足。文 此胎中總有名色六入。皆胎中位。故輔行八云。三十八個七日。皆胎中位。

六觸出胎

出胎已後。至三四歲。由根對塵。情塵識合。然於違順中庸。差別境上。未能了知生苦樂捨。是名爲觸。

七受領納前境好惡等事。從識至受名現在五果

從五六歲。至十三歲。因六塵觸六根。即領納前境。於三受違順中庸境上。已能了別。然未能起淫貪之心。故名受也

八愛愛色男女金銀錢物等事

從十四五歲至十八九歲。貪於種種勝妙資具。及

淫欲等境。然猶未能廣遍追求。不名爲取。皆是愛支所攝。

九取。凡見一切境皆生取著心此二未來因皆屬煩惱如過去無明

即從二十歲已後貪欲轉盛。於五塵境。四方馳求。名之爲取。

十有。業已成就是未來因屬業道如過去行

體即是業。爲馳求諸境。起善惡業。積集牽引當生三有果。故名爲有。注云。是未來因者。雖屬現在。却爲未來苦果之因也。

十一生。未來受生事

從有還受後世五眾之身是名生所謂四生六道中受生也。

十二老死。

從生五眾之身熟壞是名老死。

此是所滅之境

以能滅之觀順推此境故此十二即所滅境也不立病支者妙玄二十六云問何不說病為支答一切時一切處盡有者立支自有人從生無病如薄拘羅生來不識頭痛況餘病是故不立問憂悲是支否答非也以終顯始耳如老死必憂悲文　釋籤三

三云。問。愛取何別。答。愛增廣名取。文然上一往似論三世。在支佛逆順兩緣。百千萬世觀因緣等。與前四諦開合之異耳。云何開合。謂無明。行。愛。取。有。此之五支合爲集諦。餘七支。爲苦諦也。

止觀一十二云。總說名四諦。別說名十二因緣。苦是識名色六入觸受生老死七支。集是無明行愛取有五支。道是對治因緣方便。滅是無明滅。乃至老死滅。文輔行一下十云。離苦集爲十二支。觀因緣智以爲道諦。十二支滅以爲滅諦。文文句七廿一云。十二因緣者。還是別相細觀四諦耳。約苦集即有無明老死約道滅卽有無明滅乃至老死滅也文既名異義同何故重說爲機宜不同故緣覺之人先觀集諦所謂無明緣行行緣識乃至生緣老死此則生起若滅觀者無明滅則行滅乃至生滅則老死滅因觀十二因緣覺眞諦理故言緣覺

聲聞總觀四諦緣覺別觀十二因緣緣覺之人等者此觀十二因緣生若滅觀者等此觀十二因緣滅諸文更有逆順等異如阿含明始無明終老死名順觀始老死終無明名逆觀又止觀禪境以有支在初推因知果也釋籤先從受支起觀此推果

知因也。此如輔行又四念處約十二支觀愛觀見明推尋觀破之義也文因觀十二等以觀因緣生滅覺悟眞空而結名也。

言獨覺者。出無佛世。獨宿孤峯。觀物變易。自覺無生。故名獨覺。

觀外因緣。無師自悟。未必一向獨宿孤峯。如國王花飛釧動等。如釋籤七二十一云兩名不同。行位無別。此人斷三界見思。與聲聞同。更侵習氣。故居聲聞上。

雖緣覺獨覺之異。而同修因緣之行。同證侵習之果。習氣者。慣習氣分。如器中香。其香雖盡。餘氣尚

存。統論諸文。有三家。一郎。今是見思家習耳。大經云。我衣我鉢見習也。舍利弗嗔畢陵伽慢思習也

天台四教儀集註卷第六終

天台四教儀集註卷第七

南天竺沙門　蒙潤　集　文戒

次明菩薩位者。

菩薩具云。菩提薩埵。摩訶薩埵。舊翻大道心衆生。亦大道成衆生。新譯云。覺有情。以上求佛道下化衆生故。此菩薩於當教內。亦稱大乘。然此菩薩全不斷惑。三祇百刧伏惑行因。四教義三六云。三藏正化二乘。傍化菩薩。若說菩薩斷惑受生。二乘卽疑。若結盡而得受生者。諸聲聞人得羅漢果。將不更受生耶。是故不說菩薩斷結受生也文　又妙玄五十二云令生事善故作是說欲求佛者改惡從善文又四教義二三云雖修性念處而不斷結為生三界度眾生故文　由教不詮中道應本故留結惑受生利物故三藏菩薩不斷惑明矣此乃立權則有若大論云聲聞人言菩薩不斷結使乃至坐道場然後斷者是為大錯又云豈有菩薩具足三毒能集佛法文此蓋龍樹申通摩訶衍義以大破小故作此說當彼鹿苑稟教之時雖謂實歷三祇百劫伏惑不斷若方等般若轉人衍中來至法華會歸一實定無始終三祇伏惑故得大論約實斥權此乃斥權則無若

釋迦果後權示利生不妨自歷三祇百刼故有尸
棄然燈等事今之所辨且順立權義邊故約鹿苑
三藏明不斷惑如法華文句六廿七引阿含五佛子
釋更與作字名之爲兒四果支佛名佛眞子菩薩
不斷惑子義未成文 妙樂七十七云阿含至子義未
成者疊疏引經既阿含中亦明不斷惑菩薩而大論斥
權非謂全無此會同經論明破立意謂非但婆沙明不斷惑菩薩而阿含亦明此對婆
沙而云亦也以阿含會同婆沙而判大論則知大論斥權云無非謂全無乃立權則有論云
迦旃延造者從所造論及所計者說此由上文阿含婆沙明不
斷惑菩薩則經論相符而大論斥之者蓋斥其執權之人耳故曰論云迦旃延造者從所造論及所

計者說卽出其斥權之意蓋從其所造論及所計故大論謂是迦旃延造是則大論斥其計論執權之非也。豈以會二還歸阿含法華準舊十二年前一何可笑此由他師不分大小菩薩之殊及昧水牛白牛之異謂法華會二乘歸菩薩故此破云。豈可會二乘斷惑之人還歸阿含不斷惑菩薩若以會二乘還歸阿含法華四十餘年之後開顯之教還復準舊十二年前阿含之教故云一何可笑止觀三十六云。煩惱脂消者名伏為消也。故別行三下云。但伏惑不斷如無脂肥羊取世智為般若卽此意也。又俱舍婆沙意云下八地惑。初修禪時。先已斷竟。此有漏斷亦是伏義。如輔行三下會釋云云然不斷見思還斷塵沙否答須知三祇百劫亦但伏而不斷故至樹王下。斷見思時於塵沙法上。證四眞諦方斷塵沙也。若止觀三十六云。得法眼。照俗諦。文 得相似法眼。有漏智照耳。

從初發心。緣四諦境。發四弘願。修六度行。

生滅四諦。爲所依境。弘者大也。要制其心。志求滿足。名爲誓願。度者。越生死流。到彼岸也。誓若無境名爲狂願。不行六度。其願則虛。又此化他四門徧學。異乎二乘一門自行。又二乘雖無破戒。乃至愚癡行。非利生。不名六度。蓋奪而言之。別對諦緣三祇百刧。名四階成道。

一未度者令度。卽衆生無邊誓願度。此緣苦諦境。二未解者令解。即煩惱無數誓願斷此緣集諦境。三未安者令安。即法門無量誓願學。此緣道諦境。四未得涅槃者令得涅槃。即佛道無上誓願成。此緣滅諦境

四教義三初云。一未度者令度。即是度天魔外道。愛見二種。六道衆生。未度三界火宅之苦諦。令得度也。二未解者令解。即是愛見二種衆生。未解愛見二十五有業。令得解也。三未安者令安。即是愛見二種衆生。未安三十七品一切諸道。令安道諦也。四未得涅槃者令得涅槃。即是愛見二種衆生。未滅二十五有生死因果。皆令得滅諦涅槃也」

旣已發心。須行行塡願。於三阿僧祇刧。修六度行。百
刧種相好。言三阿僧祇無數刧時者。
觀音玄記上七云。若匪行山。莫塡願海。文輔行三
下初云。阿僧祇。此翻無數。刧翻時。俱舍云。八十中
大刧。謂一增一減爲一小刧。二十增減爲一中刧。今此一增一減。亦名中刧。如刧章。其小刧名自有十種。當詳。大刧三無數。謂六十數中第五十二數名
阿僧祇。謂積此大刧。成無數時。故云三阿僧祇。文
俱舍問云。旣積無數。何復言三。答。非無數言顯不
可數。文 諸經更有拂石刧。芥子刧。俱如輔行一上
六八紙 若大乘亦有一百二十零三數。如華嚴二

且約釋迦修菩薩道時。論分限者。從古釋迦至尸棄佛。值七萬五千佛。名初阿僧祇。從此常離女身。及四惡趣。常修六度。然自不知當作佛。若望聲聞位。即五停心。總別念處。外凡

輔行六上三十云。彼婆沙中。釋菩薩義。明因則指釋迦三祇百劫。明果則指彌勒當成。何故爾耶。釋迦果已成。是故指因行。爲令慕果。而行因故。彌勒因已滿。是故指當果。皆使觀因。以知果故。故諸聖教竝明釋迦之因。如說菩薩昔苦行等。竝明彌勒之果。如說彌勒下生經等。文 從古釋迦等者。發軫鈔

云。釋迦。翻能仁。牟尼。翻寂默。能仁是姓。寂默是字。
姓從慈悲利物。字取智慧冥理。以利物故。不住涅
槃。以冥理故。不住生死。文 尸棄。此翻寶髻。非七佛
中。第二尸棄也。緣載。四教義三 初并大論第三。文
從此常離女身者。妙玄四 廿七 釋籤三 十五 四教義三
二云第三僧祇。始離五障。一惡道。二貧窮。三女身。四形殘。五喜忘。方
乃不墮。如戒疏上 三云。初僧祇。得五種功德。一生人天。
二生貴家。三男身。四根具。五知宿命。舊云。初僧祇有遇緣。不遇緣異。
不遇違緣。即離五障。如戒疏 若遇違緣。至第三祇方
離。如釋籤 又初僧祇離障。且約功能。三祇方離。乃據

定位。又文句二十二云。不生三惡道。位不退。不生邊地。諸根完具。不受女身。卽行不退。常識宿命。卽念不退。文　妙樂二十一云。第三祇時。橫得三不退故。文成論以念處爲位不退。煖頂爲行不退。忍爲念不退。數論以下中上忍爲三不退。淨名疏以煖頂忍爲三不退。各隨義對也。然自不知作佛。四教義三二云。爾時未發煖解位在外凡。故不自知已身當作佛。不作佛。

次從尸棄至然燈佛。値七萬六千佛。名第二阿僧祇。此時用七莖蓮華供養。布髮掩泥。得受記莂。號釋迦文。爾時自知作佛。口未能說。若望聲聞位。卽煗位。

梵語提洹竭。此云然燈。大論云。太子生時。一切身邊。光如燈故。故云然燈。以至成佛。亦名然燈。文瑞應經。翻爲錠光。七莖蓮華等者。初儒童爲五百道士講論。得銀錢五百。後問王家女。名瞿夷。買得五花。并女寄二花供養於佛。故云七莖。諸文。但云。摩納五花奉散也。如集解瑞應經。布髮掩泥。稽首佛足。見地濯濕。卽解皮衣。欲以覆之。不足掩泥。乃解髮布地。令佛蹈而過。文得受記莂等。瑞應經云。佛因記曰。汝自是後。九十一劫。劫號爲賢。汝當作佛。號釋迦文。菩薩已得訣言。疑解望止。燿然無想。寂而入定。便逮清淨。不起法忍。文 妙玄七十一 既云斷惑。故知通佛行因之相也。文 釋籤八三 云。然燈授記得無生忍。故知是通佛行因也。文 發軫鈔據此。判瑞應經。屬方等攝。若明降生之相。蓋約三藏境本而言。此時自知等者。戒疏上三 云。爾時雖自知作佛。而口不說準位。在煖法性地。既有證法之信。必知作佛。修行六度。心未分明。口不向他說也。文

次從然燈佛至毗婆尸佛。七萬七千佛名第三阿僧祇滿。此時自知亦向人說。必當作佛自他不疑。若望

聲聞位即頂位。

毗婆尸。翻勝觀。亦云徧見。優婆塞戒經云。於迦葉佛滿三僧祇者。隨機異說耳。此三祇等義。並出大論俱舍婆沙。此時自知等者。戒疏上三云。是時內心了了。自知作佛。口自發言。準望位在頂法位中。修行六度。四諦解明。如登山頂。了見四方。故口向他說文觀音玄記下四云。聲聞但於一境一門修念處等。故易成就。菩薩徧於一切境界。一一四門。復加六度。久遠熏修。使一一行。攝諸衆生。令種熟脫。故三祇內。凡化幾人。超凡入聖。自身此岸。度人

彼岸。故經劫長。證位猶下。文

經如許時。修六度竟。更住百劫。種相好因。修百福成

一相。福義多途。難可定判。有云。大千盲人。治差。為一

福等。

輔行三下 三 云。過三祇已。百劫種相。種即修也。於

欲界人中。南洲男身。佛出世時。能種相業也。前後

不拘。文 百福成一相者。四教義三 二 云。修行六度。

成百福德。用百福德成一相。以為三十二相之業

因也。文 福義多途等者。輔行三下 三 云。問。幾許為

一福。乃至菩薩修十善。各有五心。謂下中上。上上。上。

上中上。初發五心。乃至具足五心。如是百心。名爲百福成於一相。如是至三十二。名身清淨。文 觀音玄下二云。凡用三千二百福。修成三十二大人相現時。方稱菩薩摩訶薩。文

修行六度各有滿時。

六度滿。文在種相後者。蓋種相時。亦修六度也。如尸毗王代鴿檀滿。普明王捨國。尸滿。羼提仙人爲歌利王割截無恨忍滿。大施太子抒海并七日翹足。讚弗沙佛進滿。尚闍黎鵲巢頂上禪滿。劬嬪大臣分閻浮提七分息諍。智滿。望初聲聞位。是下忍位。

觀音玄記下三云。徧割身肉。就鷹貿鴿。至盡一身。不惱不沒。自誓眞實。感身平復。是檀滿相。尸毗翻與。檀翻爲施。如須摩提王。以身就死。持不妄戒。是尸滿相。尸羅翻性善。即戒善也。如忍辱仙人。被歌利王。翻惡世無道。割截身體。慈忍不動。作誓即感。血化爲乳。是羼提滿相。羼提翻忍辱如大施太子。求如意珠。雨寶濟貧。得珠墮海。抒海取之。抒音汝。酌取也。筋骨斷壞。終不懈廢。諸天問之。云吾生生不休。故助抒海。海水減半。龍恐海乾。送珠與之。是毗離耶滿相。尚闍黎。螺髻仙人名也。得第四禪。出入息斷。鳥謂爲木。於髻生卵。定起欲行。恐鳥母不來卽更入禪鳥飛方起是禪滿相劬嬪大臣分閻浮提七分城邑山川均故息諍是般若滿相所言滿者度本治蔽行期滿願令蔽已離與拔遂心卽知六度其功剋滿文 七日翹足等者觀音玄記下四云婆沙云爾時有佛號曰底沙有二弟子一名釋迦樂修利他行所化機先熟二名慈氏樂修自利行所化機在後熟彼佛念曰多人就一人難一人就多人則易欲令釋迦先成道故於是捨二弟子入至山中時釋迦菩薩隨後入山尋求本師不見蹤跡正行之次忽見彼佛在寶龕中入火界

定。威光赫奕。特異於常。行。次忘下一足。經於七日。說於一偈。歎彼世尊云。天地此界多聞室。逝宮天處十方無。丈夫牛王大沙門。尋地山林遍無等。因此精進超於九劫。在彌勒前成佛。文 是下忍位者。戒疏上三云。若過三僧祇種三十二相業。準望此是下忍位。文 大論云。三阿僧祇時。六波羅蜜者。此乃事禪事智滿耳。俱舍云。道樹已前。四波羅蜜滿至佛果位。二波羅蜜滿。此約緣理禪理智始滿。觀音玄下三云。問依三藏說。釋迦彌勒同時發心。一超九劫。何意二佛俱成賢劫中佛耶。答。釋迦值弗沙從百刼。彌勒值諸佛。何必不促爲九十一刼耶。

文記下四云。彌勒值佛必有超刼。恐梵文未至。文

次入補處。生兜率。託胎。出胎。出家。降魔。安坐不動。爲中忍位。次一剎那入上忍位。次一剎那入世第一位。發眞無漏。三十四心頓斷見思習氣。坐木菩提樹下。生草爲座。成劣應丈六身佛。受梵王請。三轉法輪度三根性。住世八十年。現老比丘相。薪盡火滅。入無餘涅槃者。卽三藏佛果也。

補處者。前佛旣滅。而此菩薩卽補其處。故云補處。

文此下具八相。一從兜率天下。二託胎。三出生。四

出家五降魔六成道七轉法輪八入涅槃然此八相通大小乘舊謂大無降魔了魔即法界故小無住胎不談常住故且華嚴中列降魔相豈小乘耶故先達云成道必降魔託胎必住胎若開住胎即合降魔在成道內若開降魔即合住胎在託胎中但存沒不同耳若大小義約眞中分以華嚴中所列八相是大乘故但小乘八相皆劣大乘八相難思若爾別相亦難思耶以同詮中故證道同圓故今是小乘八相也降魔者四教義三五云即於菩提樹下破萬八千億鬼兵魔眾魔王敗績鬼兵退

散文安坐不動等四教義三五云魔衆散已攝心端坐於第四禪住中忍修觀成中忍一刹那上忍一刹那世第一法一刹那文言刹那者止觀三十六云經言一念六百生滅成論師云一念六十刹那文俱舍云壯士一彈指六十五刹那文發眞無漏等輔行三下四引大論云下八地諸惑因時未斷至樹王下時乃以九地九品思惑通名一九以九無礙九解脫合爲十八見道中八忍八智合爲十六心總前合成三十四心聲聞見思前後各斷支佛雖見思頓斷習猶未盡故皆不得論三十四心

三藏菩薩至樹王下正習俱盡方得論也受梵王請正法念經云昔有國王有二夫人第一夫人生一千子試當來成佛次第釋迦探籌居第四第二夫人生二子第一子願作梵王請千兄轉法輪其次願爲密跡金剛護千兄教文 梵王通爲一代請轉法輪主今別在小三轉法輪者淨名經云三轉法輪於大千其輪本來常清淨文 輪者佛證四諦法有可轉之義故名爲輪又能壞煩惱名之爲輪三轉者一示轉謂此是苦等二勸轉謂此是苦汝應知等三證轉謂此是苦我已知不復更知乃至

此是道我已修不復更修一一皆生眼智明覺三轉則成十二行法輪如文句及記釋化城喻品云云度三根性文句七十二云爲聲聞三轉爲緣覺再轉爲菩薩一轉何故爾由根利鈍此一往說耳通云例皆三轉何故三轉諸佛語法法至於三爲衆生有三根故文 住世八十年光句上廿云世壽有三品下方四十中方八十上方百二十下方少天上方太老中方不少不老表常又中方表中道佛樂中道爲此義故方八十年也文 老比丘妙樂一二十云老比丘者從後異故文 薪盡火滅者佛身四

名薪。智慧名火。身滅智亡。名無餘涅槃也。大乘則
云。機薪既盡。應火云亡。」
上來所釋三人修行證果。雖則不同。然同斷見思。同
出三界。同證偏眞。只行三百由旬。入化城耳。略明藏
教竟
妙玄一五云。三因大異。三果小同。文釋籤一十五云
諦緣度殊。故因大異。俱斷見思。三乘微異。故果小
同。文偏眞望大說。故三百由旬。文句七廿六約三義
明。一約生死處。以三界果報處爲三百。二約煩惱
謂見思。三約觀智。謂空觀。由旬。卽踰繕那。此云限

量如此方之驛。大論云。由旬三別。大者八十里。中者六十里。下者四十里。文

次明通教者。

四教義一二云。此教明因緣卽空無生四眞諦理。是摩訶衍之初門也。遠通常住故正爲菩薩傍通二乘。通機故諸大乘方等。及諸般若。有二乘得道者。爲同稟此教也。通部問何故不名共教。答共名但得二乘近邊。不得遠邊。若立通名。近遠俱便。言遠便者通別通圓也

通前藏教。通後別圓。故名通教。

此望前望後獨就菩薩釋通教名釋籤九十二云通近同三藏通遠如別教四念處一二。初有三通義一因果俱通通當教是二因通而果非通即被接者是三通別通圓即藉通開導人是謂別圓用通而爲方便但成別圓因果人也。此三通義唯在菩薩今文通後別圓者下文釋出雖但被接意亦該於藉通開導也。

又從當教得名謂三人同以無言說道體色入空故名通教。

此通就三乘釋通教名若三藏諦緣度三法分三

乘。今通教三乘。同觀無生四諦。同體假入空。觀十二因緣。同觀六波羅蜜。見第一義。而分三乘之別者。但總相別相等智。斷結侵習。自行化他。根性不同耳。言說是事卽空。故無輔行六上十六云。通人旣觀諸法如幻。幻本不生。今無所滅。名之爲體。文謂體六凡依正之色。如幻如化。當體卽空。而入眞理也。

依大品經乾慧等十地。卽是此教位次也。

當─聲聞─乾慧─三乘之初同名乾慧。通是外凡。未有理水。故名爲乾。
　　　　─性地─三乘之人得相似無漏性水。通名內凡。薄有似解。故名爲性。此兩位共伏見惑。

教三乘共位

支佛　菩薩

八人　見地　薄地　離欲　已辦　支佛　菩薩　佛地

八人：三乘信法二行，體見假發眞，斷惑在無間三昧中，八忍具足，智少一分。止觀云：八人者，忍也。忍，因也。從世第一轉入無間三昧，故名八人。

見地：三乘同見第一義無生四諦之理。

薄地：三乘之人，體愛假卽眞，發六品無礙，斷欲惑六品，證第六解脫，欲惑稍輕，故名爲薄。

離欲：三乘之人，體愛假卽眞，斷欲五下分結盡，欲惑全亡，故名離欲。

已辦：三乘之人，體色無色愛卽眞，發眞無漏，斷上五分結，三界事惑究竟，智斷功畢，故言已辦。

支佛：緣覺菩薩發眞無漏，功德力大，福慧深利，故能侵除習氣，未都盡，故名爲侵。

菩薩：從空入假，福慧深利，道觀雙流，觀二諦進，斷習氣色心無知，得法眼道種智，乃至學佛力無畏等法，殘習將盡，如餘少灰。

佛地：大功德力資利智慧，得一念相應慧，觀眞諦究竟，習亦究竟，如劫火燒木，無復炭灰。

此是三乘共位。若明三借等義者，一三乘共借別教始終位次。二單借別教十地。亦三乘共。三別為菩薩借別一教。又別為菩薩立忍名。別明菩薩燋炷十地。大品更說十地菩薩為如佛。併圖於後。

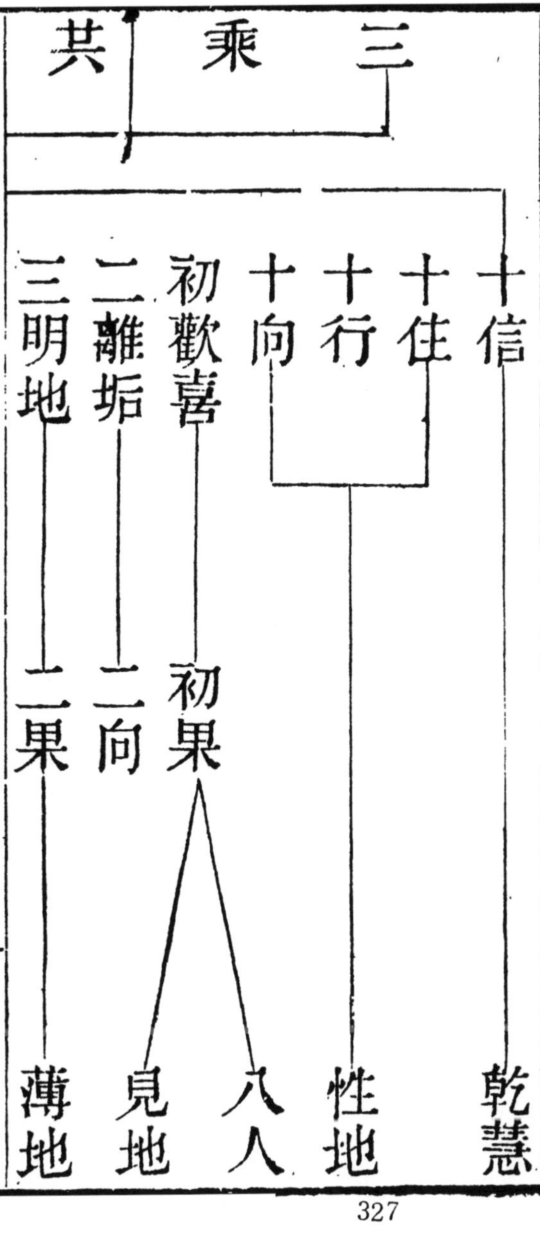

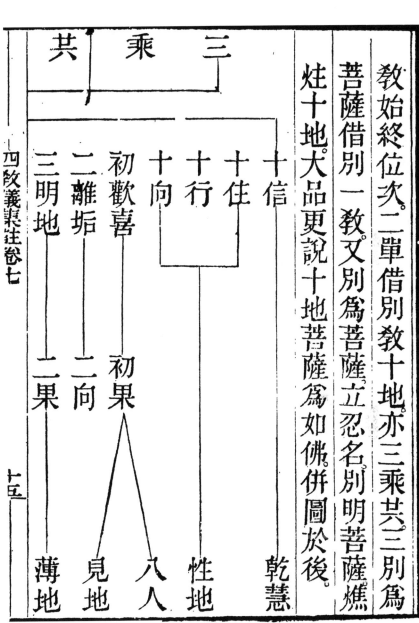

借　教　三

四燄慧—三向
五難勝—三果—離欲
六現前—四向
七遠行—四果—已辦
八不動—支佛
九善慧—菩薩
十法雲—佛地

初歡喜—斷見—乾慧　單借十地既乾慧
二離垢—斷欲一兩品思—性地　斷見何位伏惑如

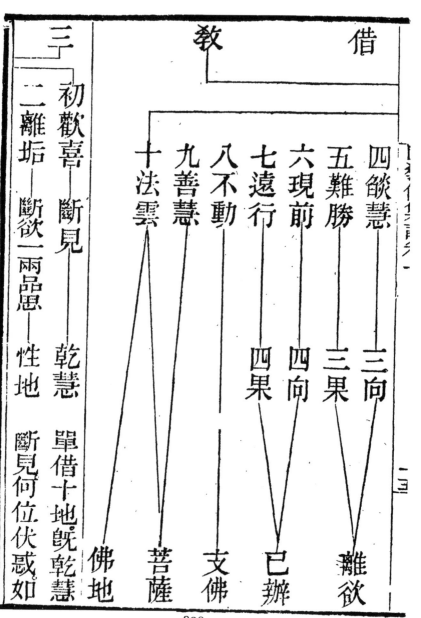

乘單借十地

三明地—斷欲六品思—八人
四燄慧—斷欲七八品思—見地
五難勝—斷欲九品思—薄地
六現前—斷七十一品思—離欲
七遠行—斷七十二品思—已辦
八不動、九善慧、十法雲—例前—支佛、菩薩、佛地

輔行六上八云。彼此地前。通爲伏惑。通雖無位。即未斷惑。不入地故。文意指地前修觀伏惑也。妙樂二一廿云。或指地前。假立七賢。文

菩

十信—外凡—乾慧
十住、十行—內凡—性地
八人
不出觀

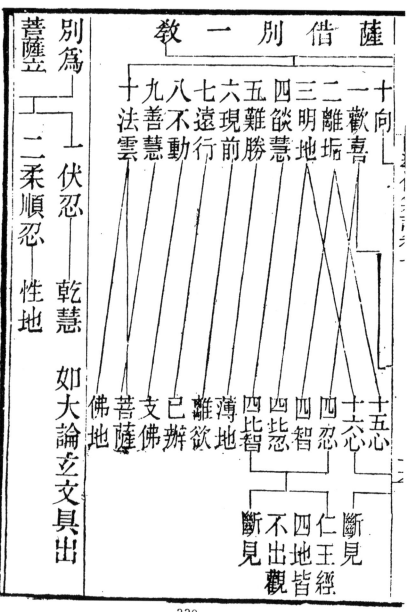

薩借別一教

十向

一歡喜
二離垢
三明地
四燄慧
五難勝
六現前
七遠行
八不動
九善慧
十法雲

十五心
十六心
四忍
四智
四悲
四皆智
薄地
離欲
已辦
支佛
菩薩
佛地

斷見
仁王經
四地皆觀
不出觀
斷見

如大論立文具出

別為
一伏忍
乾慧

菩薩立
二柔順忍
性地

忍名──三無生忍──三地至十地皆菩薩位

別名菩薩。焦炷十地。妙玄四三十一云。別圓各逗一種根性。故用發眞爲初燄。別初地圓初住通教爲逗多種根性。所謂別圓入通。故含容取乾慧耳。大品明初地焦炷人論明三處初燄。燄約能焦譬智。炷約所焦喩惑。三處者。通別圓也。三教含容通說。故曰別圓入通。非被接意。若鈍根者。入人見地是初燄。利者。於乾慧即能斷結。即是初燄。文且乾慧初燄。三通言之。是何根性。須知論釋焦炷。雖通三教。乾慧初燄。自是一途不必三通收也。以通教機雜故。又乾慧初燄。何位伏惑。例如單借十地。如輔行或云利根即伏即斷。大品更說十地菩薩爲如佛。輔行明通二種如佛。以釋大品。一別爲菩薩立忍名。第十亦名菩薩地。對其佛地。故云如也。又被接人至十地破無明。能八相作佛。似通教佛。故云如也。釋籤亦明圓教觀行如佛。相似如佛。但非今通教所論。

一乾慧地。未有理水。故得其名。卽外凡位。與藏教五停心。總別等三位齊。

三乘之初。同名乾慧。用體法念處等觀。雖未得煖。法相似理水。而總相智慧深利。故稱乾慧也。

二性地。相似得法性水。伏見思惑。卽內凡位。與藏教四善根齊。

性地中。無生方便解慧。善巧轉勝於前。得相似無漏性水。故言性地也。

三八人地。四見地。此二位入無間三昧。斷三界八十八使見盡。發眞無漏。見眞諦理。與藏教初果齊。

三乘信法二行。體見假以發眞斷惑。在無間三昧中。八忍具足。智少一分。故名八人卽八忍也位也。三乘同見第一義。無生四諦之理。同斷見惑八十八使盡也。無間三昧等者。止觀六八六八云。若言三地者。據斷見初。言四地者。據斷見後。皆不出觀。文輔行六上七云。通雖二地斷時仍促三乘共故雖促復長。

是故須分三地四地。

五薄地。斷欲界九品思。前六品。與藏教二果齊。

體愛假卽眞。發六品無礙。斷欲界六品。證第六解脫。欲界煩惱輕薄也。

六離欲地。斷欲界九品思盡。與藏教三果齊。

體愛假卽眞。斷欲界五下分結盡。離欲界煩惱也。

七已辦地。斷三界見思惑盡。但斷正使。不能侵習。如燒木成炭。與藏教四果齊。聲聞位齊此。

三乘之人。體色無色愛卽眞。斷五上分結。七十二品盡也。斷三界事惑究竟。故言已辦地。文燒木成炭。四教義三十二引智論云。聲聞智慧力弱。如小火燒木。雖然猶有炭在。聲聞位齊此者。輔行六上七云。通教二乘。七地已前。與菩薩共。名共聲聞。若爾八地已上。過二乘地。何故亦名共菩薩耶。答以初名後。從本立名。不同別圓。始終別故。

八辟支佛地。更侵習氣。如燒炭成灰。

緣覺發眞無漏。功德力大。故能侵除習氣也。燒炭成灰者。四教義三十二引大論云。緣覺智慧力勝。如大火燒木。木然炭盡。餘有灰在。

九菩薩地。正使斷盡。與二乘同。扶習潤生。道觀雙流。
游戲神通。淨佛國土。

從空入假。道觀雙流。深觀二諦。進斷習氣。色心無知。得法眼道種智。游戲神通。淨佛國土。成就衆生。學佛十力。四無所畏。斷習氣將盡也。扶習潤生者。輔行五下（廿四）云。大品云。留餘殘習。以誓願力。及扶餘習。而生三界。利樂有情。文 此教亦無中道應本。以誓扶習。而生三界。道觀雙流者。道謂化道。觀謂空觀。帶空出假。故曰雙流。遊戲神通者。遊諸世間。譬如兒戲。亦如幻師。種種變現。神名天心。通名慧性。天然之慧。徹照無礙。淨佛國土者。一切諸行。無非菩薩淨土之行。如以布施攝眾生。菩薩成佛時。布施眾生來生其國等是也。
十佛地。機緣若熟。以一念相應慧。頓斷殘習。坐七寶菩提樹下。以天衣為座。現帶劣勝應身成佛。為三乘根性。轉無生四諦法輪。緣盡入滅。正習俱除。如炭灰俱盡。
上釋諸位。具如妙玄四廿八。過菩薩地。則入佛地。用誓扶餘習。生閻浮提。八相成道。五相同三藏。唯六成道樹下。得一念相應慧。與無生四諦理相應。斷一切煩惱習盡。具足力無畏等。名之爲佛。頓斷殘習者。觀音玄記下五云。前斷正使。今侵二習。至於佛地。見思習盡。眞諦究竟。塵沙習盡。俗諦究竟。七寶天衣者。表殊勝自然也。現帶劣勝應者。通佛亦是丈六之身。或十里百億。神通變現耳。住空故劣。住中故勝。以通教有合身義。故云帶劣勝應。舊問別圓成道。在初寂塲。鹿苑唯明三藏成佛。今通教佛。爲何處成。如法師云。只一金剛土臺成道。四機所見不同。若寂塲鹿苑。自論大小兩始。轉法輪處、不可以、難成道也。然通教佛。合明八相。今但明成

道等者以由此三稍異三藏前五不異故略不論
緣盡入滅者第八涅槃相妙玄四十三云雙樹入無
餘涅槃薪盡火滅留舍利爲一切人天福田也正
習俱除兼前總舉炭灰俱盡四教義三二十云大論
云諸佛智慧力大如劫燒火炭灰俱盡。
經云三獸度河謂象馬兎也喻斷惑不同故文經云
諸法實相三乘皆得亦不名佛卽此教也
河喻空理菩薩正習俱盡如象得底支佛侵習如
馬次深聲聞斷正使如兎最淺如涅槃經文經云者文
出華嚴彼云諸法實性相三乘亦皆得而不名爲

佛幻有之俗名爲諸法。卽空之理名爲實相。乃眞空實相也。菩薩至果名佛。言不名佛者以中奪偏耳。彼經不共二乘。那作此說。如拾遺記云。彼部雖無小機。禀教何妨說於三乘。麤淺顯圓佛乘。文彼後分經明四乘品。故斥三乘。非佛乘也。

此教三乘因同果異。證果雖異。同斷見思。同出分段。同證偏眞。

三因大同。三果小異。異則習盡不等。同乃共觀卽空。不同三藏。諦緣度別。分段者。支分形段。三界生死也。

然於菩薩中。有二種。謂利鈍。

此約接不接。而分利鈍

鈍則但見偏空。不見不空。止成當教果頭佛。行因雖殊。果與藏教齊。故云通前。

修因克果。果在於上。故曰果頭。通教菩薩扶習潤生。雖異藏教。伏惑行因。斷惑證理不別。故言通前。

結釋前文通前藏教也

若利根菩薩。非但見空。兼見不空。不空即中道。分二種。謂但不但。若見但中。別教來接。若見不但中。圓教來接。故言通後。

利根破接破字去聲如來破下之義此約應說如
云說圓中道破而覆之也若上聲呼此就機論如
云通教利根破別圓接接卽點示接入也然破接
義散出諸經大品八地聞中大經空不空一切法
趣非漏非無漏楞伽三種意生身大經三十六文
末一生二生等若具明者謂大經十二明四諦後
列入二諦章安作七二諦消之初一是總餘七是
別此於四正復論三接故名七種二諦古來二十
三家明乎二諦唯莊嚴開善擅風流之名莊嚴謂
佛果出二諦外卽今破接開善謂佛果不出二諦通當教佛

吾祖曲盡如來逗機設化之相故名被接則於諸經無所壅矣古明被接不出三義以含中爲發源點示爲機要發習爲根性以通教巧故一眞含二中利根菩薩纔證眞空卽爲點示如妙玄明別接通中寄三法以示三根解源謂非漏非無漏空不空一切法趣如釋籤三十九具釋然由利根發昔所習方可點示若鈍根菩薩同二乘人直至法華方乃被會非但見空等者止觀三十六引大經云二乘之人但見於空不見不空智者非但見空能見不空不空卽大涅槃文離邊名但卽邊名不但

問何位受接進入何位答受接入三根不同若上根三地四地被接中根之八五地六地下根之八七地八地所接之教眞似不同若似位被接別十迴相圓十信位若眞位受接別初地圓初住

初問所接次問能接答中就彼接機發習遲速以論三根輔行以四地爲上六七爲中八九爲下今進一位者教位從容文或進退故此答初問所接之教等者答次問也所即語辭別向圓信接位接也別地圓住勝進接也據上似位被接眞位受接應作被字蓋以能所從也輔行三下八云若接入

教道在迴向中若接入證道卽在初地若接入圓亦分教證比說可知文又別圓接通接聖不接賢接眞不接俗若圓接別接俗不接眞接賢不接聖又妙玄順能詮教約教道邊具明三接止觀爲成觀故從所詮理約證道邊唯明一接然圓頓止觀亦明被接者爲知通塞復以思議顯不思議也如輔行三十七

問此藏通二教同是三乘同斷四住止出三界同證偏眞同行三百由旬同入化城何故分二答誠如所問然同而不同所證雖同大小巧拙永異此之二教

是界內教藏是界內小拙不通於大故小析色入空故拙此教三人雖當教內有上中下異望通三人則一概鈍根故須析破也通教則界內大巧大謂大乘初門故巧謂體色入空故雖當教中三人上中下異若望藏教則一概爲利

然藏通三乘斷惑出界證理雖同教行有異大小約小衍巧拙論體析對界外方便等土名界內教以此二教化界內也不同於大故小不能遠通常住故析色入空者外計鄰虛不出斷常今總觀色心生滅非斷非常對破外道汝析非正如止觀三

廿六輔行三下廿四通後別圓。故是初門了知諸法如幻如化當體卽空。

問。教既大乘。何故有二乘之人。答。朱雀門中。何妨庶民出入。故人雖有小。教定是大。大乘兼小。漸引入實。豈不巧哉。般若方等部內。其般若等。卽此教也。略明通教竟。

天子南門謂之朱雀。漸引入實。明佛意也。釋籤四十九云。不同三藏四阿含等。別有部帙。今以諸部方等。諸般若中。但是三乘其行。卽判屬通。文今文通指般若方等。下但云。其般若等。蓋方等彈斥。其義稍疎故。

天台四教儀集註

天台四教儀集註卷第八

南天竺沙門　蒙潤　集

次明別教者此教明界外獨菩薩法教理智斷行位因果別前二教別後圓教故名別也涅槃云四諦因緣有無量相非聲聞緣覺所知諸大乘經廣明菩薩歷劫修行行位次第互不相攝此並別教之相也

四教義一　三云別者不共之名也若明不共但異藏通未異圓教故但名別此教明因緣假名無量四聖諦理的化菩薩不涉二乘別義略明有八謂教理智斷等也教則獨被菩薩理則隔歷三諦智

則三智次第斷則三惑前後行則五行差別位則位不相收因則一因迥出果則一果不融釋籤一十五在因說理不在二邊故云迥出復說果理諸位差別故云不融獨被菩薩故別前隔歷次第故別後涅槃云等乃聖行品明四種四諦中無量四諦卽別教義謂苦集滅道各各因緣皆有無量相是菩薩法豈二乘所知乃以涅槃對鹿苑說故云非聲聞等也此證別前藏通諸大乘經等者釋籤四十二指華嚴方等般若中歷別行法卽是其相然方等中多以別行斥於小行般若中多以別法展轉融通華嚴正當歷別之行文如別

行玄下四 別行記下六 既時長行遠次第隔歷此證別後圓教。

華嚴明十住。十行。十迴向。爲賢。十地爲聖。妙覺爲佛。纓絡明五十二位。金光明但出十地佛果。勝天王明十地。涅槃明五行。如是諸經增減不同者。界外菩薩隨機利益。豈得定說。

此出諸大乘經行位次第之義。華嚴前無十信。後無等覺。於十住品前明十梵行。自古講者。指爲十信。四念處三初 於十住中。多明圓義。於登地中。多明別義。文 故華嚴位義通圓別。今且示別。故云住行向爲賢。十地妙覺爲聖。本業瓔珞亦明六輪。如法數對金光明指眞諦所譯者。勝天王卽般若也。五行者。聖梵天病嬰兒也。又仁王般若明五十一位。但無等覺。然上諸經。隨機明位。雖增減不同。莫非次第。故屬別也

然位次周足。莫過瓔珞經。故今依彼。略明菩薩歷位斷證之相。以五十二位。束爲七科。謂信住行向地等妙。又合七爲二。初凡二聖。就凡又二。信爲外凡。住行向爲內凡。亦名爲賢。約聖亦二。十地等覺爲因。妙覺爲果。大分如此。自下細釋

瓔珞凡聖位足。故今依彼。以明別義。然凡聖位中。有教證二道。此本出乎地論。今家借用。有二義焉。一者玄文借證權實部。二者輔行借消別門。良由地論兩種教道。皆為方便。兩種證道。皆為眞實。義同部味昔權今實。是故借用。若輔行借消別教教證者。由今別教教權證實。旣與三教一向不同。其義難曉。而地論師。教道方便。證道眞實。名義宛同。故借用之。如輔行云。是故今家借用地論教證二道。以消別門。於中先須知於二意。一者約行。地前為教。登地為證。二者約說。為地前說始終屬教。乃至結云。若讀玄文。善須曉此教證二道。則別門可消。應知地論雖有四種。玄文借用證權實部。但成二意。輔行借用但成三義。何者。以由此教行分教證說唯教道。是則能詮之教始終是權。所被之機地前屬權。初地證實。舊於借消別門亦立四種者。且約說證道。爲權爲實。若權則違教權證實。借證權實之義若實。則背有教無人之文。況地論正申華嚴。十地論師不分圓別之異。但約教證明方便眞實。如云。若說十地已證之法。彼爲實證。安可約彼立別說證。既云借證。可全同耶。又別位中。復有

豎入橫學兩種四教釋籤十七廿云別教十住修生
無生十行修於無無量十向修於無無作登地證於無
作故云有四又十行中習諸佛法具足入於一十
六門亦名爲四問住已習八何故行中更習十六
答前是自行隨用一門後爲化他是故行中更習
前八是故十六俱須廣習文 更有三根出假十信
上根十住中根十行下根四教俱論三根出假如止觀六廿三又對
五忍十信伏忍十住信忍十行去柔順忍十地無
生忍妙覺寂滅忍妙宗中十八亦對圓位 若論眞緣二修則
地前爲緣修登地爲眞修緣謂作意緣念眞謂任

運相應。元是地師之義。今家復加觀義。空。假為緣。中道為眞。通圓亦有此之二義。云云六種性習如下對。

初言十信者。

四教義四三云。此十通名信心者。信以順從為義若聞說別教因緣假名無量四諦佛性之理。常住三寶。隨順不疑。名信心也。文

一信。二念。三精進。四慧。五定。六不退。七迴向。八護法。九戒。十願。

信常住理。名曰信心。憶念無忘。名曰念心。眞精進

趣名精進心。心精智慧名曰慧心。周徧湛寂名曰定心。定光無退名不退心。保持不失名護法心。迴向佛地名迴向心。今文迴向在護法前。此依舊譯瓔珞經說。安住無失名爲戒心。十方隨願名曰願心。文此依楞嚴釋十信名。但彼在圓此十位伏三界見思煩惱。故名伏忍位。外凡與藏教七賢位通教乾慧性地齊。

妙玄四三十三云。此十信習從假入空觀伏愛見論。文觀音玄下四云。十信通伏諸惑。正伏四住。文伏忍位。輔行九下十五云。仁王用五忍以判別位。文妙宗中十八云。若依別教十信伏忍。仁王經疏中一十云。

未得無漏。未能證。但能伏不能斷。故爲伏忍智也。

與藏通齊者。格量伏惑義齊也。下去格量準此。此位出假。卽名上根。淨名疏七十二云。菩薩化物心重。自行則輕。故慈悲重者。不務斷結。從相似空解卽便出假。見思未斷。故言有疾。文

次明十住者。

四教義四五云。此十通名住者。會理之心名之爲住。

一發心住。斷三界見惑盡。與藏教初果通教八人見地齊。二治地。三修行。四生貴。五具足方便。六正心。七不退。已上六住斷三界思惑盡得位不退。

與藏通
二佛齊
於諸刧中。行十信心。不作邪見廣求智慧名發心
住。常隨空心。淨諸法門。名治地住。長養衆行名修
行住。生在佛家種性清淨。名生貴住多習無量善
根。名具足方便住。成就第六般若法門。名正心住。
入於無生畢竟空界。名不退住。得位不退者。初住
至七住位不退。八住至十向行不退。初地已上念
不退。妙玄四十見思破故得位不退。眞諦三昧成。
惡業塵沙破故。得行不退。俗諦三昧成。無明破故。
得念不退。中道三昧成。文

八童眞。九法王子。十灌頂。已上三住。斷界內塵沙。伏界外塵沙。前二不知名目
不生邪倒。破菩提心。名童眞住。從佛王教而生於
解。當紹佛位。名法王子住。觀空無相得無生心法
水灌頂。名灌頂住。斷界內塵沙等者。正修假觀爲
伏。觀成俗顯爲斷。斷輔行一下九云。塵沙者。譬無知
數多。文然塵沙惑只是通別見思。就所化衆生得
名。妙宗上廿六云。衆生見思重數如塵若沙。究論其
體。卽劣慧也。如妙樂云。不染污無知劣慧爲體。以
其不能分別藥病等也。若知病識藥應病授藥令
得服行卽斷塵沙相也。懶於化導爲塵沙習。且三

品塵沙。與三根出假何異。蓋三品塵沙。約一人豎論。三根出假。約三人橫辨。又三根出假。通乎四教。三品塵沙。局在別論。

亦名習種性。用從假入空觀。見眞諦理。開慧眼。成一切智。行三百由旬。

習種性者。瓔珞經上卷賢字函明六種性。以對別位。淨名疏第九。亦借別名以顯圓。今家玄籤四教義戒疏等。竝依經列四念處中。少有不次。又地持論略明二種。亦名經彌勒造賢字函如戒疏列六種後。復用二種。及對教證前後生報佛。法佛。併圖示。

釋籤 五三 諸文同

- 十住習種性
  - 研習空觀
- 十行性種性
  - 分別假性
- 十向道種性
  - 中道能通
- 十地聖種性
  - 證入聖地
- 等覺性
  - 去佛一等

- 習種性
  - 對教道生報佛
- 性種性
  - 對證道生法佛

戒疏

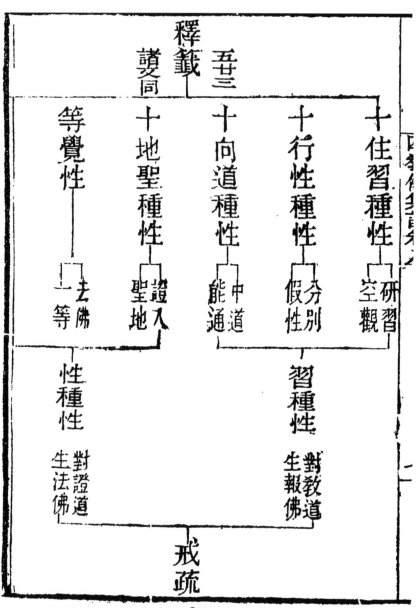

「妙覺性」「妙極覺滿」

六種性者。種別性分也。地持第一云種性者。名為種子。名為界。名為性。文種子不同有六界分。又性通六位。種局在因。故前四名種。等覺雖因。望前稱覺。二種者。地持經云。略說二種。性種性者。是菩薩六入殊勝。展轉相續無始法爾。是名性種性。習種性者。若從先來。修善所得。是名習種性。文戒疏以六種對位後復用二種者。以六位不出地前修習登地證性。故用地持結攝六種。雖不顯標。意必如是。況梵網是華嚴結經。地持正宗華嚴。故宜用彼地持二種。

結攝瓔珞六種。又與約行教證。其義宛齊。故復例之。自古以戒疏文難。今準舊註。戒疏云。性習二種。若據位分。習種在前。性種在後。若據行論。性習同時。前後不定。標約行中義依體起用。緣中道理起觀行用先明性種。後明習種。尋用取體。從自行用取中道體先習後性。自依體下釋同時不定義與教證二道相似。就位以論。教道在前。證道在後。約位教證據行論之。教證同時。前後不定。此標依體起用。先證後教。望證道理起教道用尋用取體。先教後證。尋教道用證中道體習種能生報佛。性種能生法佛。文地前既論自行修習。至果合生報佛。登地證性。合生法佛。智與體冥。任運起用。故不論應佛也。異解備諸章藻。

梵網經中。更有六種。一習種性。二長養性。只是研習增長。與習種性通對十住。三性種性。四不可壞性。俗諦建立。故不可壞。與性種通對十行。五道種。十向。六正法性。通收聖種等妙二種。

四念處

三　二

信住習種性
十行道種性
十向性種性
十地聖種性
等覺性
妙覺性

前宗釋籤依經對位諸文並同。今四念處扶大品三觀約義結對故少不同。信住同習空觀成一切智。故對習種。十行修假觀成道種智。故對道種。十向觀中道一性。成一切種智。故對性種。由道性二字義通兩向。道有化道中道。性論種性一性。故得互通。取義而對也。

從假入空觀者。次第三觀。出瓔珞經。觀經疏三云。

假是虛妄。俗諦也。空是審實眞諦也。今欲去俗歸眞。故言從假入空觀。妙宗上廿六云。見思取境無而謂有。虛假凡俗。知虛名諦。二空之理是審實法。知實名諦。不究俗虛。莫知眞實。要須照假方得入空。是故名曰。從假入空觀。妙玄三十一云。十住正修空。傍修假中。十行正修假。旁修中。淨名略記下之上。十五若約別教爲語。正觀中道。爲慧眼者。於十住中遠所期耳。慧眼者。古德頌云。天眼通非礙。肉眼礙非通。法眼唯觀俗。慧眼了知空。佛眼如千日。照異體還同。一切智者。觀音玄義下初云。知一切內法內名。一切能知能解。一切外法外名。能知能解。但不能用一切道。起一切種。故名一切智。玄記下具釋。初住斷見。卽離四趣。身子昔生至六住有退者。此見思俱斷。思既未盡。見亦餘殘。故有退墮。如四明答日本難。（教行錄）

次明十行者。

四教義四（六）云。此十通名。行者行以進趣爲義。前既發眞悟理。從此加修。從空入假。觀無量四諦。一歡喜。二饒益。三無違逆。四無屈撓。五無癡亂。六善現。七無著。八難得。九善法。十眞實。（斷界外塵沙惑）

始入法空不爲邪動。名歡喜行。常化眾生使得法利。名饒益行。常修忍法謙下恭敬。名無違逆行。行大精進令一切至究竟涅槃。名無屈撓行。不爲無明之所失亂。名無癡亂行。生生常在佛國中生。名善現行。於我我所。一切皆空。名無著行。菩薩成就難得善根。名難得行。說法授人成物軌則。名善法行。二諦非如亦非非相。名眞實行。

亦云性種性。用從空入假觀。見俗諦。開法眼。成道種智。

性種性者。假觀分別十界差別種性也。從空入假觀者觀經疏三云若住於空與二乘何異不成佛法不益眾生是故觀空不住於空而入於假知病識藥應病授藥令得服行故名從空入假觀文道種智者觀音玄下初云能知一切道種差別則分別假名無謬故名道種智文諸文云十住修空斷見思十行修假破塵沙十向修中伏無明此以觀對位也若云初住斷見二住至七住斷思八九十住斷界內塵沙十行斷界外塵沙此斷惑分齊也四念處四云十住斷界外上品塵沙十行斷中品塵沙十向斷下品塵沙文言三品者生無生八門為上品無量四門為中品

無作四門爲下品此以融從教也以別是界外教或純用假觀攝故又此十行明橫學四且無作四門爲圓爲但若圓無作十行位淺尚未修中如何能說以此化他耶若謂但中釋籤五初云各附彼教而爲相狀文既附彼圓豈應是但雜編五十四云十向圓修可由實道智轉行融乃修圓中十行無作且順權方只是但中無作良以修中之位已深出假之位尚淺位深故知昔日化他無非妙行位淺故知將來自行亦是但中不可以實難權以他妨自文其說切當學者知之附彼圓教但爲明於無作相狀能附豈可全同

深位。然此出假若果但中圓機起時。何以赴之。當知圓機自感圓應。十行出假。乃教道說無稽之問。不足評矣。

次明十迴向者。

四教義四七云。此十通名迴向者。迴事向理。迴因向果。迴已功德普施衆生事理和融。順入法界。故名迴向。四念處三十云。別向圓修文雲間云。可由實道雜編但不合云。只緣被接。方曰圓修。此據得意者。智轉行融及證道說也。若三觀次第。惟修但中。據不得意者。及教道說也。

一救護眾生離眾生相。二不壞三等。一切諸佛。四至一切處。五無盡功德藏。六入一切平等善根。七等隨順一切眾生。八眞如相。九無縛無著解脫。十入法界無量。伏無明習中觀

以無相心常行六道。而入果報不受而受。名救護眾生離眾生相。觀一切法有受有用。念念不住。名爲不壞三世佛法。一切時行。名等一切諸佛。以大願力入一切佛土供養一切佛。名至一切處。以常住法授與前人。名無盡功德藏。行無漏善。善而不二。名入一切平等善根。以觀善惡無二二一相。名等

隨順一切衆生。心得自在等三世佛。常照有無。名眞如相。以般若照三世諸法。是一合相。名無縛無著解脫。覺一切法中道無相。名入法界。無量伏無明。習中觀者。集解云。空假之心。旣已滿足。正修中道第一義觀。無明不起。忍伏故也。

亦名道種性。行四百由旬。居方便有餘土。已上三十位爲三賢。亦名內凡。從八住至此。爲行不退位

道種性者。始正修中。故名道。能生佛果。故名種。行四百由旬者。約生死處。加方便土。約煩惱。加塵沙。約觀智。加假觀。以此增前。爲四百也。方便有餘土

者。觀經疏五云。修方便道斷四住惑。故曰方便。無明未盡。故曰有餘。行不退者。化他行滿。無退轉也。前七住還斷惑證空。名位不退。後初地去。名念不退。中道正念。二邊莫動。

次明十地者

四教義四八云。此十通言地者。一能生成佛智。住持不動。二能與無緣大悲荷負一切。故名爲地也。

文

一歡喜。從此用中道觀破一分無明。顯一分三德。乃至等覺。俱名聖種性。此是見道位。又無功用位。百界作佛。八相成道。利益衆生。行五百由旬。初入實報無障閡土。初入寶所。
捨凡入聖。四魔不動。到有無邊。平等雙照。名歡喜地。從此用中道觀者。四教義四七云。從此見佛性。發中道第一義諦觀。雙照二諦。心心寂滅。自然流入薩婆若海。證無作四諦。一實平等法界圓融。文破一分無明。顯一分三德者。無明。乃是障中道之別惑。無明分破。中道分顯。法身般若解脫是爲三。常樂我淨故稱德。應知初地所破無明細分三品。中上雖破。猶在迴向後心。至三品盡。方入初地。俱名聖種性者。據同證論。準經必須開等覺性。見道位者。四教義四七云。從初地至佛地。皆斷無明。但以約位分爲三道。初地名見諦道。二地至六地名修道。從七地已去名無學道。文 初地斷無明別見。發眞中道。故云見道。大經云。自此已前皆名邪見人也。故知兩教三乘。別教地前。未見中道。未斷別見。皆名邪見人也。此約證道同圓。初地即同初住故也。又無功用者。旣至初地。不加功力。任運流入薩婆若海。百界作佛者。四教義四八云。初發眞中道。見佛性理。斷無明見惑。顯眞應二身。緣感即應百佛世界。現十法界身。入三世佛智地。能自利利

他。眞寶大慶。故名歡喜地也。（文）輔行七下（廿四）引瓔
珞云。如初地百界。二地千界。乃至萬億等界。現身
亦爾。（文）行五百由旬者。約生死處。加實報土。約煩
惱。加無明。約觀智。加中觀。實報無障礙土者。觀經
疏（六）云。行眞實法。感得勝報。色心不相妨。故言無
障礙。（文）寶所者。喻分證寂光也。
二離垢地。三發光地。四燄慧地。五難勝地。六現前地。
七遠行地。八不動地。九善慧地。十法雲地。（已上九地。地地各斷
一品無明。證一分中道。）
以正無相。入衆生界。同於虛空。名離垢地。光慧信

忍習佛之道。極淨明生。名發光地。順無生忍。觀一切法。名燄慧地。觀忍修道。三界無明莫不皆空。名難勝地。上順諸法。觀於三世。寂滅無二。名現前地。觀諸煩惱。不有不無。常向上地。念念寂滅。名遠行地。以無生觀。捨於三界。名不動地。入於上觀光光佛化無生忍道。名善慧地。入中道觀。受佛職位。既同眞如。亦同法界。妙雲普覆。名法雲地。

更斷一品無明。入等覺位。亦名金剛心。亦名一生補處。亦名有上士。

於十地後心用觀。更斷一品方入等覺。四教義四十四云。即是邊際智滿。入重玄門。若望法雲。名之爲佛。望妙覺名金剛心菩薩。亦名無垢地菩薩。二魔盡。餘有一品死魔在。斷無明習也。文 集解云。解入百千三昧。照一相無相寂滅無爲。望于妙覺。猶有一等。比下名覺。故名等覺。所修觀智。純一堅利。喻若金剛。名金剛心。文 一生補處者。猶有一品無明。故有一生。過此一生。即補妙覺之處。觀音玄記上四云。猶儲君之義也。文 妙宗上廿三云。有惑可斷名有上士。文

更破一品無明。入妙覺位。坐蓮華藏世界七寶菩提

樹下。大寶華王座。現圓滿報身。爲鈍根菩薩衆。轉無量四諦法輪。卽此佛也。

四教義四十五云。金剛後心。朗然大覺。妙智窮源。無明習盡。名眞解脫。翛然無累。寂而常照。名妙覺地。文 藏者。包含十方法界。悉在中也。文 七寶菩提樹者。七寶衆多。表無量故。大寶華王座者。妙玄七二十云。或言寂滅道場。七寶華爲座。身稱華臺。千葉上一一菩薩。復有百億菩薩。如是則有千百億菩薩。十方放白毫及分身光。白毫入華臺菩薩頂。分身光入華葉菩薩頂。此名受法王職位。窮得諸佛法底。而得成佛華臺名報佛華葉上名應佛報應但是相關而已。不得相卽此是別佛果成相也。文鈍根菩薩者迷中重故次第修證。迂通寶所對圓名鈍。

有經論說。七地已前名有功用道。八地已上名無功用道。妙覺位但破一品無明者。總是約教道說。華嚴云。菩薩未至第八地時。如人乘船欲渡大海。未至大海。多用功力。若至八地。從大方便近佛智慧無功用心。不加功力。妙覺位但破一品無明。未審據何文說。諸文但云。斷十二品稱爲妙覺也。

有處說初地斷見從二地至六地斷思與羅漢齊者。此乃借別教位名名通教位耳。

至六地斷思與羅漢齊者。取十度義。以第六般若空慧斷惑故也。如止觀第六借位中云云 十度者。六度外。加願智力方便

有云三賢十聖住果報。唯佛一人居淨土。此借別教名明圓教位也。

三賢者。別住行向。住果報土。義則屬圓。此仁王經偈文。

如此流類甚眾。須細知當教斷證之位。至何位。斷何

咸證何理徃判諸教諸位無不通達

此乃觀師示人判教之方能知此者不但別門可通於一切教皆無壅矣。

略明別教竟。

此教明縱橫者別論不出性橫修縱因縱果橫通論因果各具縱橫性但有橫修具縱橫初性橫修縱者妙句九云若但性德三如來是橫修德三如來是縱前後而得先法次報後應亦是縱一性二修記九云性德之名名通別教別教雖有性德之語三皆在性而不互融故成別義若三在修前後而得道理

成縱又妙宗云別人不知本覺之性具染惡德是故染惡非二佛性別修緣了顯本法身修縱亦爲不知本覺之性具染惡德不能全性起染惡修乃成理體橫具三法性橫次因縱果橫者光明記一云行智理三次第資發修時縱也法報應三果中齊顯證時橫也良由此教本有法身爲惑所覆故須別作緣了之功相資顯發復由此教性具三法而不相收故使三身橫顯此指修縱只是因縱性橫成於果橫修性因果相對別論也次因果各有縱橫者文句二云別家因時三法縱橫果時三法亦縱

橫因縱如向因橫卽性橫也果縱如妙玄九云法身本有般若修成解脫始滿果橫亦如向說須知此教因果三法次第卽縱各異卽橫妙玄五云資成在前觀照居次眞性在後此三竪別縱非大乘此三竝異橫非大乘次性但有橫修具縱橫者性橫如上性中三法未論起修無前後故則無縱義凡言修者通因通果因果既其各有縱橫修任運有也

修性因果縱橫圖

修縱者卽修德三如來也性橫者

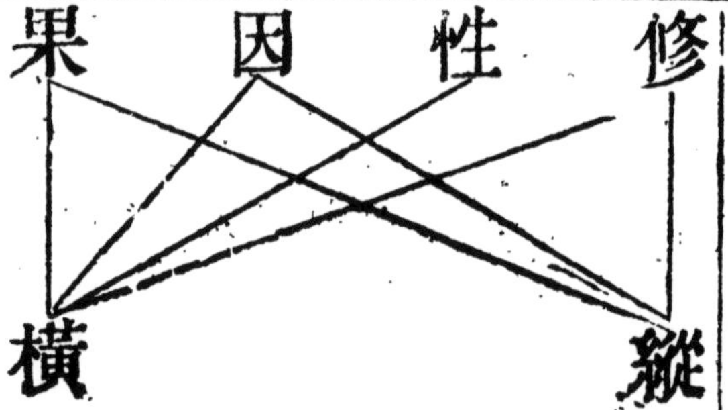

即性德三如來也因縱者智行理三次第資發果橫者法報應三果中齊顯也修縱者如前修橫者即果橫也因縱者如向因橫者即性橫也果縱者法身本有般若修成。解脫始滿果橫者如向若別論修縱性橫因縱果橫通而言之修具縱橫性但有橫因果各具縱橫也

次明圓教者。

四教義一三云圓以不偏爲義此教明不思議因

緣二諦中道事理具足不別但化最上利根之人故名圓教也文又云圓教詮因緣即中道不思議佛性涅槃之理菩薩稟此教門理雖非淺非深而證者不無淺深之位今明入道亦具四門而諸大乘經意多用非空非有門以明位也文釋籤五十二云圓教菩薩以界外滅諦為初門文

圓名圓妙圓滿圓足圓頓故名圓教也此釋圓名

三諦圓融不可思議名圓妙三一相即無有缺減名圓滿圓見事理一念具足名圓足體非漸成故名圓頓

所謂圓伏圓信圓斷圓行圓位圓自在莊嚴圓建立衆生此釋圓法

圓伏五住圓常正信圓斷五住圓行一行一切行圓位位位相攝妙用莊嚴故云自在四悉普益故云建立如止觀一三

諸大乘經論說佛境界不共三乘位次總屬此教也

一代教中唯除鹿苑顯露無圓諸大乘經凡說圓法皆佛境界也不共三乘位次者揀異別教不共二乘今圓是佛乘故不共三乘也

法華中開示悟入四字對圓教住行向地此四十位

華嚴云。初發心時。便成正覺所有慧身不由他悟。淸淨妙法身。湛然應一切。此明圓。四十二位。維摩經云。薝蔔林中。不齅餘香。入此室者。唯聞諸佛功德之香。又云。入不二法門。般若明最上乘。涅槃明一心五行。又經云。有人入大海浴。已用一切諸河之水。又娑伽羅龍。澍車軸雨。唯大海能受餘地不堪。又擣萬種香爲丸。若燒一塵。具足衆氣。如是等類。並屬圓教。

開示悟人如前釋。初發心者。三因性開發。即初住位。二住已去。莫不皆然。故結云。圓四十二位。薝蔔等者。薝蔔翻黃花。觀衆生品。天女訶身子之文。淨名空室。表常寂光。入不二法門者。彼經三十一菩薩。各說入不二法門已。問。文殊師利。何等是菩薩入不二法門。文殊曰。如我意者。於一切法。無言無說。無示無識。離諸問答。是爲入不二法門。於是文殊問維摩詰。我等各自說已。仁者當說何等。是菩薩入不二法門。時維摩詰默然無言。文殊歎曰。善哉善哉。乃至無有文字語言。是眞入不二法門。文

須知三十一菩薩。乃以有言。言於無言。文殊乃以無言。言於無言。淨名乃以無言無言。故文殊歎云。是眞入不二法門也。般若明最上乘者。金剛經云。

如來爲發最上乘者說。涅槃云。復有一行是如來
行。所謂大乘大般涅槃佛性之理。又經云者。大經
云。譬如有人在大海浴。當知是人已用一切諸河
之水。輔行一上廿七云。理具諸法如海水。修觀行者
如在浴也。行攝一切。名爲己用。文 娑伽羅。此翻鹹
海。如來龍王圓頓教雨。爲上根性。不雨三教下類
之地。首楞嚴云。擣萬種香爲丸。若燒一塵。具足
衆氣。文 輔行一上廿七云。理性如丸。觀行如燒諸法
頓發。名具衆氣。文
今且依法華瓔珞。略明位次有八。一五品弟子位外凡

出法華經二十信位。內凡三十住位。聖初四十行。五十迴向。六十地。七等覺。是因位末八妙覺。是果位

法華但有五品六根。瓔珞具明五十二位。妙樂三四云。若云圓位。六卽亦足。何須更列四十二耶。以分眞位長故借別位分其品秩文或者據此謂圓教本無位次。但借別顯圓。然妙樂意以五十二位。在經論中。多被別人。祖師用釋圓位。故云借耳。又有云。五十二位名雖在別。圓亦同用。以分淺深。豈可圓教。全無位次。大品四十二字。華嚴初住八相。法華五品六根。皆圓位義也。故曰顯一理。則始終

無二。存諸教。則因果歷然。既稟教修行。安得無位

耶。又揀諸文。開合有四。一開前合後。如大經三十

三天。住。行。向。爲三十。地。等。妙。爲三。二合前開後。如仁王十四般

若。合三十心爲三。十地爲十。等覺爲一。總十四忍。轉入佛心名之爲智。三前後俱開。

如大品四十二字。對四十二位四前後俱合。如法華開

示悟入。及遊四方。對四十位妙宗上廿三又楞嚴明位有

六十。前加三漸次。名字即及立乾慧地。觀行即向後地

前。立四加行。并常五十二位。共成六十。

天台四教儀集註卷第八終

天台四教儀集註卷第九

南天竺沙門　蒙潤　集

初五品位者。一隨喜品。經云。若聞是經。而不毀訾。起隨喜心。問隨喜何法。答。妙法。妙法者。卽是心也。妙心體具。如如意珠。心佛及衆生。是三無差別。此心卽空卽假卽中。

文句八云。隨順事理。無二無別。喜是慶已。慶人。文

妙樂十三云。事理。秖是權實異名。了此權實。卽非權實。故無二無別。卽隨順開權顯實之事理也。言已人者。理有事故。故能慶人。事有理故。故能自慶。又

不二而二故慶已他。二而不二了非已他妙玄五二云。若人宿植深厚。或值善知識。或從經卷圓聞妙理。謂一法一切法。假 一切法一法。空 非一非一切 中 不可思議起圓信解。一心中具十法界。如一微塵有大千經卷。欲開此心而修圓行。圓行者。一行一切行。謂十法成乘。十心成就。其心念念悉與諸波羅密相應。是名圓教初隨喜品位。文 妙法即是心者。指要鈔上 四 云。今家釋經題法字。約此三法。各具三千。互具互融。方名妙法。然雖諸法。彼彼各具。若爲觀體。必須的指心法三千。起信論云。所言法者謂衆生心。妙心體具者。止觀五三十云。一心具十法界。一法界又具十法界。十法界具百法界。一界具三十種世間。百法界卽具三千種世間。此三千法在一念心。若無心而已。介爾有心三千具足。亦不言一心在前。一切法在後。亦不言一切法在前。一心在後。輔行五中七云。言無心而已者。顯心不無。言介爾者。謂刹那心無間相續未曾斷絶纔一刹那。三千具足。若具三千。卽具三德。又介爾者介者弱也。謂細念也。但異無心。三千具足文如如意珠。止觀五十七云。如如意珠天上勝寶。狀如芥粟有大功能。淨妙五欲。七寶琳琅。非內畜。非外入。不謀前後。不擇多少。不作麤妙。稱意豐儉。降雨穰穰。不添不盡。蓋是色法。尚能如此。況心神靈妙。寧不具一切法耶。文 記中表法。約理解釋。須者尋之。心佛眾生三無差別者。釋籤二云。當知三法。卽是不思議廣大法界。應了此理具足佛法及眾生法。雖復具足。心性冥妙。不一不多。又眾生及佛不出於心。故無差別名心法妙。是故結歸三無差別。方名為妙。十義書云。以我一念心法。及一切眾生十方諸佛。各各論於事造。人人說於理具。而皆互具互攝。方名三無差別。又指要鈔云。是則三法各具二造。方無差別。此心即空假中。拾遺記下入云。三觀之首皆言即者。指一念心即三諦。故言即空者非即偏空。乃觀一念即圓空也。此空能破三諦相著。故云一空一切空。三觀悉彰破相之用也。言即假者非即偏假。乃觀一念即妙假也。此假能立三諦之法。故云一假一切假。三觀悉彰立法之功也。言即中者非即但中。蓋指一念即具德中。此中能妙三諦之法。故云一中一切中。三觀悉是絕待之體也。

常鏡無相。常智無緣。

此境智冥一。
無緣而緣無非三觀。無相而相。三諦宛然。
而言境智也。止觀第一常境常智後。復云。以無緣
智緣無相境。以無相境相無緣智。智境冥一。而言
境智輔行釋云。實相無相無相亦無。實智無緣無
緣亦絕。何者境雖無相常爲智緣。智雖無緣常爲
境發。智雖緣境稱境無相。境雖發智令智無緣。無
緣而緣。照境無間。故云以無緣智緣無相境無相
而相發智宛然。故云以無相境相無緣智。
初心知此慶已慶人。故名隨喜。

此結成隨喜也。五品初心。知此妙心。體具事理三千境觀之法。慶已有智慧慶人有慈悲內以三觀觀三諦境。

大意云。三諦三觀三非三。三一一三無所寄。諦觀名別體復同。是故能所二非二。

外以五悔勤加精進。助成理解。

止觀七云。唯法華別約六時五悔重作方便（此約四種三昧相對而說。不可以光明彌陀。亦論五悔爲妨。）修懺要旨云。所以悉稱悔者。蓋皆能滅罪故也。勸請則滅波旬請佛人滅之罪。隨喜則滅嫉他修善之愆。回向則滅倒求三界之心。發願則滅修行退志之過。文輔行二上入云。於法無染曰精。念念趣求曰進。文助成理解。一往分之。五悔爲事。名助。諦觀爲理解。名正。

言五悔者有二。一理。二事。

止觀二云。事懺。懺苦道業道。理懺。懺煩惱道。理事不出三種懺法。理謂無生妙懺。事謂取相作法。光明文句三四十云。行者應知三種懺法。無生是主。二爲助緣。灰汁皂角。助於清水。若缺妙觀。不名大乘。便同外道。無益苦行。須近善師學懺悔處及懺悔法。方可行於道場事儀。故於諸事。皆用妙觀照而導之使作法等皆順實理悉為佛因又云正助二懺修逐根緣自有一向修於正道直登圓住或內外凡自有一向修於助道如南嶽立有相安樂行不入三昧但誦持故亦能得見上妙色像此二隨根修入不同若悟理時必兩捨也自有正助相兼而修或先正後助或先助後正或同時而修今之所立意在同修耳懺悔名光明文句中初云懺者首也悔者伏也不逆為伏順從為首又懺名白法悔名黑法白法須尚黑法須捨又懺名修來悔名改往又懺名披陳眾失悔名斷相續心又懺者名

慚悔者名愧。慚則慚天。愧則愧人。文 光明記三七云。然懺悔二字。乃雙舉二音。梵語懺摩。華言悔過。以由悔過是首伏等五種之義。今旣華梵二音並列。是故大師以首釋懺。以伏釋悔。乃至慚愧對釋懺悔。欲令稟者修首伏行。及慚愧等。斯是善巧說法之相。故不可以華梵詁訓而爲責也。文 懺悔處光明文句引普賢觀。是名大懺悔。約中道爲處也。名莊嚴懺悔。約俗爲處也。名無罪相懺悔。約空爲處也。若三種差別者。此是歷別論處爾。卽一而三卽三而一。此圓妙懺悔也。記云。若於三諦歷別而解。乃次第觀。非今妙觀。其妙觀者。空即三諦。假中亦然。名即一而三。三諦俱空。假中亦然。名即三而一。行者應知三一相即。為彰懺悔處。絕乎思議。若以此語。增於言想。則永不識懺悔處也。然懺悔處誰人不具。何法暫非。但為本迷。滿目不見。全心不知。是故經云。於十力前。不識諸佛。勸求覓者。須親善師。須資妙教。勤聽勤聞。審讀審思。若其然者。必於能詮。識所詮體。翛然處外。無以狀名。斯乃所求法性道理。此理至妙。為懺法所依。故名為處。若依此處而立行門。方得名為大乘懺也。又懺之所依。

如器淳朴非砧不成以何爲砧謂一實相無無別實相即罪相是得此處者罪無不滅德無不顯文懺悔法要旨云一作法懺謂身口所作一依法度二取相懺謂定心運想相起爲期三無生懺謂了我心自空罪福無主觀業實相見罪本源法界圓融眞如淸淨法雖三種行在一時光明記云此三種懺同時而修無生是正二爲助緣斯乃正助一合而行如膏益明證理彌速也又須了知大乘三懺後一雖可獨修不進須假前二前二不可暫離無生得此意已方可說行三種懺法

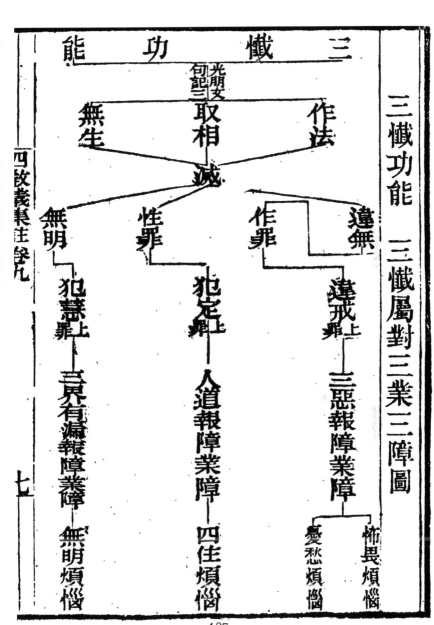

三懺功能　三懺屬對三業三障圖

三懺功能

光明文句記三

作法　取相　無生

滅

違無上　作罪　性罪　無明

違戒罪上　犯定罪上　犯慧罪上

三惡報障業障　人道報障業障　三界有漏報障業障

怖畏煩惱　憂愁煩惱　四住煩惱　無明煩惱

三懺 屬對 三業 三障

- 身業
  - 作法 報障 作法
- 口業
  - 取相 業障 取相
- 意
  - 事一心
  - 理一心
  - 無生 煩惱 無生

如服

- 薑桂
  - 差病而已
  - 不能肥身
- 五石
  - 病差身充
  - 不能得道
- 五芝
  - 病除身飛
  - 升仙得道

理懺者。若欲懺悔者。端坐念實相。眾罪如霜露。慧日能消除。即此義也。
光明記三八云。端坐者身儀也。禪波羅蜜具出坐
法須者宜檢。念實相者懺罪觀也。實相無相當云
何念。必以無念之念念無相之相。以無相之相。相
無念之念。若於念外。別有實相。實相之外。別有於
念。則非此經念實相也。衆罪等者滅罪所以也。前
念實相蓋體修惡即是性惡。性惡照明斯為慧日。
修惡體虛如消霜露。文
言事懺者晝夜六時。三業淸淨。對於尊像披陳過罪。
無始已來至於今身。凡所造作。殺父殺母。殺阿羅漢。

破和合僧。出佛身血。邪淫偷盜。妄言綺語。兩舌惡口。貪瞋癡等。如是五逆十惡。及餘一切隨意發露。更不覆藏。畢故不造新。

晝夜六時等四句明首伏法。無始下明首伏辭。殺父下明五逆罪。(音弑)下殺於上也。妙樂八引俱舍云。五逆業障攝。約處人除北。約人除扇搋。(此云黃門。勑佳反)四身一語業。三殺一虛誑。一殺生加行。(出佛血)無間一劫熟。隨罪增苦增。八比丘分二。(破僧)以爲所破僧。具如補注釋九(五)光明文句中(三)云。人從父母稟身。十月懷抱。三年鞠養。撫念惟惟。始能升頭戴髮。

教方教數。始解作人。那忽違恩背義而行弒逆天
雖大不覆此人。地雖厚不載此人。此人命終直入
地獄文 十惡中應明殺生釋十惡名。如法界次第
上九云云 口有四惡。或云五者加無義語。發露者。
要旨四云。罪根宜露。則衆罪皆滅文 若不發露。犯
覆藏罪。如律中說畢。故不造新者。斷相續心也。已
作之罪願乞消除。未起之惡更不敢造。
若如是則外障漸除。內觀增明。如順流舟更加櫓棹。
豈不速疾。到於所止。修圓行者。亦復如是。正觀圓理。
事行相助。豈不速至妙覺彼岸。

若如是等者光明文句中云若純用正懺亦不須助若正道闇昧不明了者修助以助之所謂灰汁澡豆皂莢木槵以助淸水爾文如順流舟等者光明文句記三七二云正解如順水正觀如順風可喻正道能趣妙理篙棹可喻旋禮等善助於風水舟豈不疾文

莫見此說便謂漸行謂圓頓無如是行謬之甚矣

此斥偏執理性無修無證者謂卽心是佛若加修習則成漸次非圓頓行輔行七下十八云圓教位次者先明五悔爲入位之方他人圓修都無此意將

何以爲造行之始。但云一念即是如來。空談舉心

無非法界。委檢心行全無毫微。文

何處天然彌勒。自然釋迦。

輔行七下二十 引彌勒問經云。彌勒昔行菩薩道

時。但晝夜六時。勤修五悔。而得菩提。文 彌勒釋迦

旣是果人。由因克故。非天然等也。唯今天台建立

解行。了修即性。全性起修。正助兼行。從因至果。故

淸涼國師云。撮台衡三觀之玄趣。使教合忘言之

旨。心同諸佛之心。不假更看他面。

若纔聞生死即涅槃。煩惱即菩提。即心是佛。不動便

到不加修習便成正覺者。十方世界盡是淨土。觸向
對面無非覺者。
舉其所執之法。須知理雖平等事有迷悟。何得便
謂即是不加修習。凡言即者。以顯於離。如冰不離
水。理須融冰義同於離。十方世界盡是淨土。此是
依報論即。觸向對面無非覺者。此是正報論即。謂
三土皆即寂光。九界無非佛界。理實如然。非修莫
克。故即云。
今雖然即佛。此是理即。
妙宗上三十三云。然理即佛。貶之極也。以其全之解行

證即。但有理性。自爾即也 文
亦是素法身。無其莊嚴。何關修證者也。
無緣了功德莊嚴。法身體素。天龍之所忽劣。
我等愚輩。纔聞即空。便廢修行。不知即之所由。鼠喞
鳥空。廣在經論。尋之思之。
重斥所計。鼠喞鳥空者。止觀入七 云。諸位全無謬
謂即是。猶如鼠喞。若言空空如空鳥空。文 輔行入
上十 云。不達諦理。謬說即名。何異怪鼠作喞喞聲
即聲無旨。濫擬生死即是涅槃。亦如怪鳥作空空
聲。豈得濫同重空三昧。文 此斥執理廢行之者。所

謂卽之所由。意開妙解。而立妙行。行可廢乎。

二勸請者。勸請十方諸如來留身久住濟含識。

輔行七下（十九）云。大爲二意。一者請住於世。二者請轉法輪。大論（十五）問。諸佛之法。法應說法。何須勸請。又若諸佛現見在前。請佛可爾。今乃不見。云何可請。答。佛雖必說。而不待請。請者得福。何得不請。復次佛法待請爲說。又衆生雖不面見諸佛。諸佛何嘗不見其心。聞其所請。假令諸佛不聞不見。請亦得福。何況聞見而無益耶。

三隨喜者。隨喜稱讚諸善根。

輔行七下十二云佛轉法輪衆生得三益我助彼喜者喜前勸請也過去下種現在重聞得成熟益未曾下種現在成種未來方益故三世益皆因法輪故我隨喜衆生得益要旨云隨他修善喜他得成文

四迴向者所有稱讚善盡迴向菩提

止觀七十三云迴衆善向菩提一切賢聖功德廣大我今隨喜福亦廣大衆生無善我以善施施衆生已正向菩提如回聲入角嚮聞則遠迴向爲大利文輔行七下廿一云如回聲入角等者大論三十二

云迴向者如少物上王如迴聲入角問菩薩功德勝於二乘有何奇特答今此不以功德比之但以隨喜迴向心比如巧匠指示倍得價直執斧之人倍用功力直不足言聲聞自行如執斧者菩薩教他而行迴向猶如大匠文要旨六云所謂迴事向理迴自向他迴因向果文

五發願者若無發心萬事不成故須發心以導前四是爲五悔

止觀七三十云願者誓也如許人物若不分劵物則不定施眾生善若不要心或恐退悔加之以誓又

無誓願如牛無御。不知所趣。願來持行。將至所在。如坯得火堪可盛物。二乘生盡。故不須願。菩薩生生化物須總願。別願。四弘是總願。法藏華嚴所說一一善行陀羅尼皆有別願。一切諸願四弘攝盡。故名為總。故知一切菩薩凡見諸佛無不發於總願別願。

下去諸位。直至等覺總用五悔。更不再出例此可知。光明文句中四云。當知懺悔位長其義極廣。云何而言。止齊凡夫。是故五十校計經齊至等覺皆令懺悔。即其義也。文記三三十三云。從造無間業者。上至圓教等覺故云位長。位位橫論各有三障。煩惱頭數結業流類苦報等差故云義廣。古人何為但在凡夫。大師本以三昧總持說懺悔位該亘凡聖。自然與校計經合。寶匣尋經作此安布行者知之。文

二讀誦品者。經云何況讀誦受持之者謂內以圓觀更加讀誦。如膏助火。

止觀七三十云善言妙義與心相會。如膏助火。是時心觀益明名第二品也。讀誦如膏圓觀如火。文句八五看文為讀。不忘為誦。信心故受念力故持。文

三說法品者。經云。若有受持讀誦爲他人說。內解轉勝導利前人。化功歸己。心倍勝前

文句八 五 宣傳爲說。聖人經書難解須解釋 文妙玄五 三 云。行者內觀轉强外資又著。圓解在懷誓願熏動。更加說法。如實演布。說法開導。是前人得道全因緣。化功歸已。十心則三倍轉明。是名第三品位。文 止觀七 十三 云。更加說法。轉其內解。導利前人以曠濟故。化功歸已。釋籤五 云。故知以說法力。內熏自智令倍清淨。爲說圓常內心無著。故名爲淨。化功歸已。意在於斯。問。南嶽天台皆云。爲他損

已。及止觀中令修三術。誡勿領徒。又輔行七下廿六
云。蚤領眾者名成損已益他蓋微其如玄文。止觀
及令說法品皆云。說法開導化功歸已耶。須知以
慈忍無著之心說法則可。如云。三軌備足方可宣
通。如四安樂行方許說法。否則不許。若南嶽天台
所云。蓋寄自以誡他也。如妙樂一云。令問引經者
爲名利壅已。爲大悲益物。自行暗於妙宗何殊無
目而導。衣座室誡思之自克問。令五品位說法品
中化功歸已。彼止觀安忍中正於五品令修三術
誡勿領徒何耶。須知雖於品中令修三術。意誡初

心爲他損已又品位雖說須守觀心若逐外有妨是亦須誡。

四兼行六度經云況復有人能持是經兼行布施等。福德力故倍增觀心。妙玄五三云上來前熟觀心未遑涉事今正觀稍明卽傍兼利物能以少施與虛空法界等使一切法趣檀檀爲法界餘五亦如是事相雖少運懷甚大此則理觀爲正事行爲傍故言兼行布施事福資理則十心彌盛是名第四品位文

五正行六度者經云若人讀誦爲他人說復能持戒

等謂自行化他事理具足觀心無閡轉勝於前不可比喩。

妙玄五三行人圓觀稍熟理事欲融涉事不妨理在理不隔事。故具行六度。若布施時無二邊取著十法界依正。一捨一切捨財身及命無畏等施。若持戒時。性重譏嫌等無差別。五部重輕無所觸犯。若行忍時。生法寂滅荷負安耐。若行精進身心俱淨。無間無退。若行禪時。遊入諸禪靜散無妨。若修慧時。權實二智究了通達。乃至世智治生產業皆與實相不相違背。具足解釋佛之知見。而於正觀如火益薪。此是第五品位。文 釋籤第五六廿云。事理不二方名正行。若取其意但用三藏事六度相皆以實相融令不二。無非法界。卽是其相。無畏等施者論有三施。謂貧生無畏法。捨於依正名施貧生。略不言法。故云等也。文 止觀七三十一云。正修六度自行化他事理具足。心觀無礙轉勝於前。不可比喩名第五品也。文

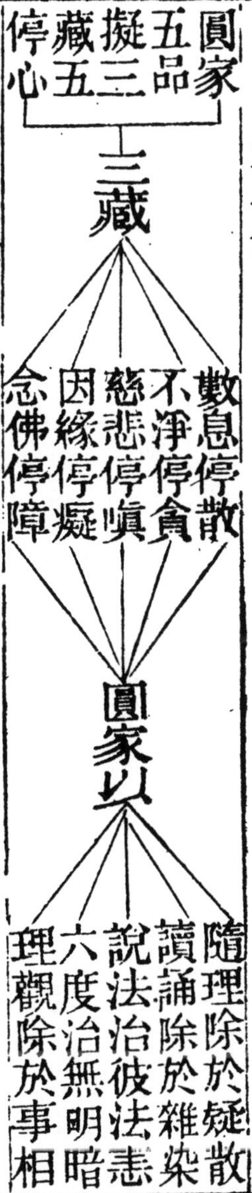

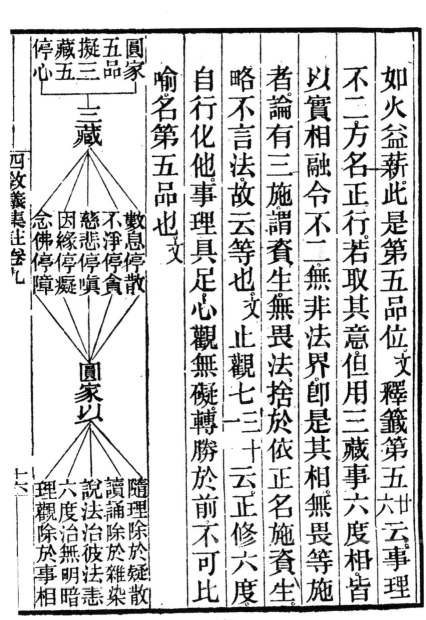

四信五品對三慧文句十云初一一是聞慧位廣聞廣說是思慧位觀行想成是修慧位自淺之深成六根清淨十信位也又云前三人是聞慧位兼行六度是思慧位正行六度是修慧位。

現在四信

初一念信解
二略解言趣
三廣爲他說
四深信觀成

聞慧
思慧
修慧

初隨喜品
二讀誦品
三說法品
四兼行六度
五正行六度

滅後五品

妙樂十二十云何故現在唯四信滅後立五品答其

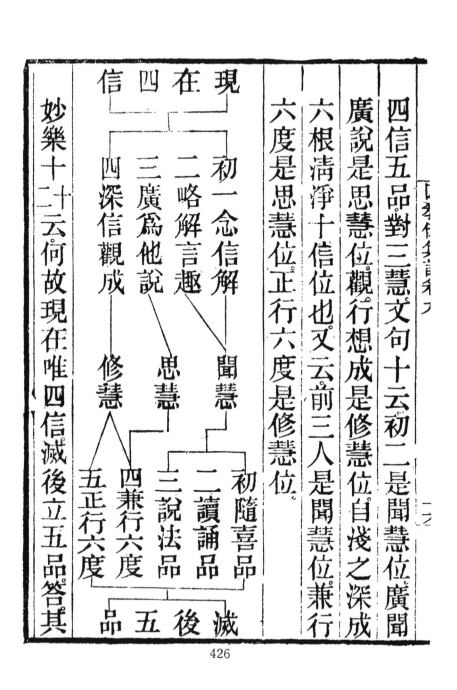

義既齊四五無別。但是滅後加讀誦爲第二品耳。

文

此五品位圓伏五住煩惱外凡位也。與別十信位同。

妙玄五八云。五品已圓解一實四諦。其心念念與法界諸波羅蜜相應。徧體無邪曲偏等倒。圓伏枝客根本惑。故名伏忍。諸教初心無此氣分文 文十紙云。五品之位理雖未顯。觀慧已圓。具煩惱性能知如來祕密之藏。堪爲世間作初依止文 妙玄五十云。五品六根爲初依。十住爲二依。十行十回向爲三依。十地等覺爲四依文 釋籤六三云。四依位者以此四人並能化他故以此位釋於因人功用。

文　此約觀行成就五品在十信前若普賢觀品信合說蓋赴機異爾又吾祖位居五品而云獲旋總持者然旋假入空約位豎論雖在六根七信已前約觀橫辨不妨通於五品。

次進六根清淨位即是十信初信斷見惑顯眞理與藏教初果通教八人見地別教初住齊證位不退也。次從二信至七信斷思惑盡與藏通二佛別教七住齊三界苦集斷盡無餘故仁王云十善菩薩發大心長別三界苦輪海解曰十善者各具十善也若別十

信即伏而不斷故定屬圓信
妙玄五四云十信位者初以圓聞能起圓信修於圓行善巧增益令此圓行五倍深明因此圓行得入圓位以善修平等法界即入信心乃至善修無着即入願心是名十信位瓔珞云一信有十十信有百百法爲一切法之根本也是名圓教鐵輪十信位即是六根淸淨圓教似解煗頂忍世第一法普賢觀明無生忍前有十種境界即此位也文普賢釋迦分身多寶四聖及六根淸淨共爲十種仁王云者波斯匿王所說偈也十善者仁王疏中十九云十信善者有三品上

品善鐵輪王化。一天下。中品善粟散王。下品善人中王。文 妙樂十八云。信信通皆具足十善。非謂專以人天不殺盜等。用對十信。旣云長別三界苦輪。當知須是斷惑十信。文 釋籤五廿七云。亦有人云。六根淸淨名爲頓義。十善菩薩此是漸義。今文所引十善菩薩以證六根。豈應引漸而證於頓。故知二文俱頓明矣。但仁王經語其初後。法華經意論其中間。人不見之。徒生異見。文

然圓人本期不斷見思塵沙。意在入住斷無明見佛性。然譬如冶鐵。麤垢先去。非本所期。意在成器。器未

成時自然先落雖見先去其人無一念欣心所以者何未遂所期故圓教行人亦復如是雖非本所望自然先落。

此明圓斷之義輔行六上九云從初已來三諦圓修與次第義永不相關此論麤惑任運斷處與次第齊文又七下廿四云五品已能圓伏五住豈至此位別斷見思但是圓修麤惑先斷猶如冶鐵麤垢先除文別行玄記下六云圓譬冶鐵作器別喻燒金作器冶謂鎔鑄淳朴頓融任運麤垢先落燒謂鍛煉物體猶堅持要麤塵先去然後融金以除細

垢。圓觀頓窮法界。無意先觀二諦。二惑任運先落。別觀次第顯中。有意先觀二諦。故使二惑先除。文指要鈔下五云。圓人始終用絕待智頓亡諸法。理果尚亡。惑何次第。只由此智功力微著。故成疎親由疎親故。惑落前後。名迷厚薄。智疎惑厚。智親惑薄。傳傳明之。此乃約智分惑也。文 先達云。修觀惑智一如。功成惑落前後。

永嘉大師云。同除四住。此處爲齊。若伏無明。三藏則劣。卽此位也。解曰。四住者。只是見思。謂見爲一。名見一切處住地。思惑分三。一欲愛住地。欲界九品思。二色愛住地。色界四地。各九品思。三無色愛住地。無色界四地。各九品思。此之四住。三藏佛。與六根清淨人同斷。故言同除四住也。言若伏無明三藏則劣者。無明即界外障中道之別惑。三藏教止論界內通惑。無明名字尚不能知。況復伏斷。故言三藏則劣也。

永嘉集云。然三藏之佛。望六根清淨位。有齊有劣。同除四住。此處為齊。若伏無明。三藏則劣。二乘可知此本是妙玄位妙中文。永嘉集中引用之耳。昔傳唐末五代。台教湮沒。因錢氏讀永嘉集。至此不解。問於韶國師。國師指為台教中語。當問螺溪義

寂法師。師奏海東盛行。遂求於高麗。由是觀師賫
教部來。使始復興焉。今稱永嘉蓋有由矣。釋籤六
四云。有齊有劣者。惑盡處齊。觀行聞教是則爲劣。
亦以佛位格者。爲順教道故也。文
次從八信至十信。斷界內外塵沙惑盡。假觀現前見
俗諦理開法眼。成道種智。行四百由旬。與別教八。九。
十住。及行向位齊。行不退也。
雖約位斷證格量似齊。圓別卽離不可一混。又此
六根明下根出假。功逾十向。此是相似圓融三諦
不同次第出假之位。又五品明中根出假。五品之

初為上根。亦約觀行論坐道場度衆生等。又輔行五上云。以初住為真出假位。

次入初住斷一品無明。證一分三德。謂解脫般若法身。此之三德不縱不橫。如世伊三點。若天主三目。現身百界。八相成道。廣濟羣生。

此明斷惑證理。全體起用。三德次第。本法身般若解脫。今順初住緣了正。三心開發。而為次也。言不縱不橫者。異乎別教。非縱即橫也。釋籤六十二云。雖一點在上。不同點水之縱。三德亦爾。雖法身本有。不同別教為惑所覆。雖二點在下。不同烈火之橫。

三德亦爾。以釋籤中作雖字者誤。妙宗引作以字者正。二德修成不同別人理體具足。而不相收。如妙宗云。三雖性具。緣了是修。二雖是修。非適今有。二若非修。三法則橫。二若非性。三法則縱。三點三目。出大經哀歎品。西方有新舊二伊。舊伊如橫川走火點水之縱。新伊如此方草書下字。細畫相貫。不縱不橫。摩醯首羅有三目八臂。八相者。華嚴云。或見入胎等。皆云或者。一一相中皆有八相故。文

華嚴經云。初發心時。便成正覺。所有慧身。不由他悟。清淨妙法身。湛然應一切。解曰。初發心者。初住名也。

便成正覺者。成八相佛也。是分證果。卽此教眞因。謂成妙覺謬之甚矣。若如是者。二住已去諸位徒施。若言重說者。佛有煩重之咎。雖有位位各攝諸位之言。又云發心究竟二不別。須知攝之所由。細識不二之旨。龍女便成正覺。諸聲聞人。受當來成佛記莂。皆是此位成佛之相。慧身。卽般若德。了因性開發。妙法身。卽法身德。正因性開發。應一切。卽解脫德。卽緣因性開發。如此三身。發得本有。故言不由他悟。中觀現前開佛眼。成一切種智。行五百由旬。到寶所。初居實報無障閡土。念不退位。

此下引經釋出。就斥他謬。雖云各攝諸位。須知攝之所由者。由理具故。雖云發心究竟不別。細識不二之旨者。旨在於卽。卽具之理雖爾。淺深之事。位那不分。卽故。初後不二。六故。初後不濫。位位各攝諸位者。如大品。初阿後荼。中四十字。初阿字門具四十二字。後荼字門。亦然。又如華嚴一地具諸地功德。大經云。發心究竟二不別。如是二心前心難。發心卽初住。究竟卽妙覺。龍女成佛。文從權說。以證圓經。成佛速疾。若實行不疾。權行徒施。權實義等理不徒然。如妙樂八三十五云云諸聲聞授劫國名號。與物結緣。文 發得本有者。妙宗上二廿云。今初住所發三法。皆性具故。發則俱發。從智證法。從法起應。卽非一時。三身頓得。故非前後。不縱不橫。復見於此。從始圓修一心三觀。今圓三智一心中得。卽以此智證得法身。智性卽色。三一體融。名妙色身。此身湛寂。如鑒無情。形對像生。山毫靡間。名應一切。三身三德。體離縱橫。文 中觀現前者。旣三因開發。應三智圓明。五眼洞照。今但云佛眼種智者。中必雙照。三智具足。四眼入佛眼。同名爲佛眼。輔行三上廿五云。如河入海。失本河名。何以故。肉天二

眼。有漏因緣。慧法二眼習氣未盡。故捨本位入佛眼中。文

次從二住至十住。各斷一品無明。增一分中道。與別教十地齊。次入初行。斷一品無明。與別教等覺齊。次入二行。與別教妙覺齊。從三行已去。別教之人尚不知名字。何況伏斷。以別教但破十二品無明故。故以我家之真因。爲汝家之極果。只緣教彌權。位彌高。教彌實。位彌下。譬如邊方未靜。借職則高。定爵論勳。其位實下。故權教雖稱妙覺。但是實教中第二行也。次從三行已去。至十地各斷一品無明。增一分中道。卽

斷四十品惑也。更破一品無明。入等覺位。此是一生
補處。
次從二住等者。妙玄五五云。即是十番進發無漏
同見中道佛性第一義理。以不住法。從淺至深。住
佛三德。及一切佛法。故名十住位。文 次入初行等
者。妙玄五五云。即是從十住後。實相眞明。不可思
議。更十番智斷。破十品無明。一行一切行。念念進
趣。流入平等法界海。諸波羅蜜任運生長。自行化
他功德與虛空等。故名十行位也。文 我家眞因等
者。妙玄五二十二云。若十地十品破無明。圓家十住亦

十品破無明。設開十地為三十品。祇是圓家十住
三十品齊。若與而為論。圓家不開。十住合取三十
心為三十品。與別家十地三十品等者。則十地與
圓家十迴向齊。若奪而為論。別家佛地與圓家初
行齊。與而為論。別家佛地與圓家初地齊。故知別
教權說。判佛則高。望實為言。其佛猶下。譬如邊方
未靜。授官則高。定爵論勳。置官則下。別教權說。雖
高而麤。圓家實說。雖低而妙。以我之因。為汝之果。
文 爵者封也。爵有五等。謂公。侯。伯。子。男。勳者功也。
十向者。妙玄五之六云。卽是十行之後。無功用道不

可思議眞明念念開發。一切法界願行事理。自然
和融。回入平等法界海。更證十番智斷。破十品無
明。故名迴向也。十地位者。卽是無漏眞明入無功
用道。猶如大地能生一切佛法。荷負法界衆生。普
入三世佛地。又證十番智斷。破十品無明。故名十
地位也。文 等覺者。妙玄五六云。觀達無始無明源
底。邊際智滿畢竟淸淨。斷最後窮源微細無明。登
中道山頂與無明父母別。是名有所斷者名有上
士也。文 等覺位中。正習俱斷。如今文云更破一品
無明。並上妙玄文斷正也。淨名疏二四云。無復餘

習者圓教始從初住終至法雲圓斷諸見猶有習在等覺入重玄門千萬億劫重修凡事見理分明習氣微薄事等微煙文此斷習也又淨名疏五三十五云住等覺地餘有一品及習氣在文進破一品微細無明入妙覺位永別無明父母究竟登涅槃山頂諸法不生般若不生不生不生名大涅槃以虛空爲座成淸淨法身居常寂光土即圓教佛相也

觀經疏三云究竟佛者道窮妙覺位極於茶故唯佛與佛乃能究竟諸法實相邊際智滿種覺頓圓

無上士者。名無所斷。無上士者。更無過者。文 妙宗上廿三云。今此極位。乃究竟具諸位功德。故引法華唯我釋迦與一切佛。乃能究竟諸法之權實相之實。達無明底。到諸法邊。名邊際智。不思議權智也。今已究竟。故名爲滿。於種種法。證本圓覺。不思議實智也。此覺極滿。名爲頓圓。復用第七無上士號。顯智斷極。有惑可斷。名有上士。等覺位也。無惑可斷。名無上士。卽是妙覺斷德究竟。名大涅槃。云云

無明父母者。楞伽經云。弒無明父。斷貪愛母。文 涅槃山頂。喻更無過上也。諸法是境。般若是智。境智

寂滅名大涅槃。以虛空爲座者。義彰法身體徧也。成淸淨法身者。指修卽性增勝而說也。若論教主。亦名尊特。亦名勝應。妙玄七三十云。或言道場以虛空爲座。一成一切成。毗盧遮那徧一切處。舍那釋迦成。亦徧一切處。三佛具足。無有缺減。三佛相卽無有一異。法華八方。一一方各四百萬億那由他國土。安置釋迦悉是遮那。普賢觀經云。釋迦牟尼名毗盧遮那。此卽圓佛果成相也。文 文句一八云。隱前三相。唯示不可思議如虛空相。卽圓佛自覺覺他。文 妙樂一廿四云。若隱前三相。從勝而說。非謂

太虛名爲圓佛。文 光明記一八云。此教所說世間
相常。故一切法無非中道。雖與別人同見尊特。彼
兼別修。此皆性具。故龍女云。微妙淨法身。具相三
十二。欲彰全性是故從勝特名法身。文 常寂光土
者。觀經疏六八云。常卽法身。寂卽解脫。光卽般若。是
三點不縱橫並別。名祕密藏。諸佛如來所遊居處。
眞常究竟極爲淨土。文

然。圓教位次。若不以六卽判之。則多濫上聖。故須六
卽判位。

六卽位者。義蘊佛經。名出智者。如貧女寶藏。力士

頷珠等。在諸文所明。或顯法門高深。或明修觀位次。今文備明圓位之後。復明六卽。欲越上慢自屈之過。輔行一下三十云。此六卽義起自一家。深符圓旨。永無衆過。暗禪者。多增上慢。文字者。推功上人。並由不曉六而復卽。文　輔行一上六十云。卽者。廣雅云。合也。若依此釋。仍似二物相合名卽。其理猶疎。今以義求。體不二故。故名爲卽。文　妙宗上三十云。六種卽名。皆是事理體不二義。文

謂一切衆生皆有佛性。有佛無佛。性相常住。又云。一色一香無非中道等言。總是理卽。

金錍云言佛性者佛是果人言一切衆生皆有果人之性文　觀經疏云斯理灼然世間常住有佛不能益無佛不能損得之不爲高失之不爲下故言衆生即是佛理佛也文　妙宗上引云世間常住者即十法界三十世間一一皆住眞如法位法位常故世間亦常文　今云性相者十如中舉初二也性以據內自分不改相以據外攬而可別色香等者輔行一上十二云此色香等世人咸謂以爲無情然亦共許色香中道無情佛性惑耳驚心文　六塵中趣舉二種圓觀諸法無非中道故四念處第四

明唯色唯聲唯香等義如觀經疏二文涅槃經云一切衆生卽是佛如貧女舍寶衆物俱存力士額珠圓明頓在如來藏經舉十喩弊帛裹黃金土模內像暗室餅瓮井中七寶本自有之非適今也淨名云一切衆生皆如也寶篋云佛界衆生界一界無別界文 理卽者妙宗上三十云直由衆生性具染惡不可變異其性圓明名之爲佛性染性惡全體起作修染修惡更無別體全修是性故得迷事無非理佛卽以此理起惑造業輪回生死而全不知事全是理長劫用理長劫不知不由不知便非理

佛。以全是故名理卽佛。以不知故非後五卽。然理卽佛。貶之極也。以其全之解行證卽。但有理性自爾卽也。又理卽佛。非於事外指理爲佛。蓋言三障理全是佛。又復應知不名障卽佛。而名理卽佛者。欲彰後五有修德。是此之一位。唯理性是也。又障卽佛。其名猶通。以後五人。皆了三障。卽是佛故。文

次從善知識。及從經卷聞見此言。爲名字卽。

止觀一廿二云。理雖卽是日用不知。以未聞三諦全不識佛法。如牛羊眼。不解方隅。或從知識。或從經卷。聞上所說一實菩提。於名字中。通達解了。知一

切法皆是佛法。是爲名字卽。文 妙宗上十六云。名字卽佛者。修德之始。聞前理性。能詮名也。然有收簡。收則。耳歷法音。不閒明昧。異全不聞。俱在此位。簡則。未得圓聞。齊別內凡。尙屬理卽。以七方便未解妙名。豈知卽佛。文

依教修行。爲觀行卽。五品位

止觀一廿三云。若但聞名口說。如蟲食木。偶得成字。是蟲不知。是字非字。必須心觀明了。理慧相應。所行如所言。所言如所行。是名觀行。文 妙宗上十七云。始自圓聞。觀佛妙境。至識次位。勤行五悔。若未發

品。此等行人。皆屬名字。故知名字其位甚長。境觀相資塵念靡間。方能得入。觀行位也。文

相似解發。爲相似。即十信

止觀一三廿云。以其逾觀逾明。逾止逾寂。如勤射隣的。名相似觀慧。文 觀經疏二云。相似者。二物相類。如鍮似金。若瓜比瓠。猶火先煖。涉海初平。文 妙宗上十二云。約四喻明相似。行人本覺寂照及雙相似。而發。成相似位。三種之覺。此覺似眞。若鍮若瓜。比金比瓠。此之二物。喻始似本。如將至火。先覺煖氣。行欲近海。預覩平相。此之二事。喻於相似近乎分

眞前二約法論似。後二約位論似。文

分破分見。爲分證。卽。從初住至等覺

止觀一廿三云。因相似觀力。入銅輪位。初破無明。見佛性。開寶藏。顯眞如。名發心住。乃至等覺無明微薄。智慧轉著。若人應以佛身得度者。卽八相成道。應以九法界身得度者。以普門示現。文 妙宗上十二云。雖得相似。尙屬緣修。今則親證。屬於眞修。分破無明。起信論中稱隨分覺。寂照雙融。本覺眞佛。分分而顯。從所顯說。名爲分眞。從能顯言。名爲分證。四十一位。皆受此名。文

智斷圓滿。為究竟即。妙覺位

如前引觀經疏釋妙覺義。

約修行位次。從淺至深。故名為六。約所顯理體位位不二。故名為即。是故深識六字。不生上慢。委明即字。不生自屈。可歸可依。思之擇之。略明圓教位竟。

約修行位次等者。止觀大意二云。即故初後俱是。六故初後不濫。理同故即。事異故六。文六種即名。既皆是事理體不二義。是故六即皆具事理兩種三千。故理同故即。理造也。事異故六。事造也。如義書云。修善修惡事造三千。六也。理即迷逆是修惡。名字已去順性是修善。

性善性惡。理造三千。即也但即不妨六。六處常即。故得六而復即也

天台四教儀集註卷第九終

天台四教儀集註卷第十

南天竺沙門　蒙潤　集

然依上四教修行時。各有方便正修。謂二十五方便。十乘觀法。若教教各明。其文稍煩。義意雖異。名數不別。故今總明。可以意知。

然前明四教釋經方軌。正爲開解。若依解立行。必須各明方便正修。故所列方便則通四教。但十乘且就圓論。蓋立行以圓爲正也。不明四種三昧。常坐。常行。半行半坐。非行非坐。及十境者陰煩病業魔。禪見慢乘薩。蓋錄大本綱要。非止觀意。故不委也。妙玄明入體之門。四教四門門門。十乘。若止觀十境境境十乘。惟明圓行。義例云。若無十境乘。則無體若無十法名壞驢車。文以陰等十。爲所觀境。以不思議境等。爲能觀觀。故言二十五方便者。束爲五科。一具五緣二訶五欲三棄五蓋。四調五事五行五法。

止觀四初 方便名善巧。善巧修行。以微少善根。能令無量。行成解發。入菩薩位。文 止觀四初 云。圓教以假名五品觀行等位。去眞猶遙名遠方便。六根淸淨相似隣眞名近方便 約內外凡位 今就五品之前假名位中。復論遠近。二十五法爲遠方便十種境

界爲近方便橫竪該羅十觀具足成觀行位能發
眞似名近方便文輔行四上初具釋又二十五法
爲通方便通四三昧故方等夢王法華六時五悔
爲別方便四三昧中別於一種三昧所用故束爲
五科者止觀四初云夫道不孤運弘之在人人弘
勝法假縁進道所以須具五縁縁力旣具當割諸
嗜欲嗜欲外屏當內淨其心其心若寂當調試五
事五事調已行於五法必至所在乃至三科出大
論一種出禪經具五縁一是諸禪師立文調五事止觀云
譬如陶師若欲得器先擇良處具縁息餘際務訶欲治

身內疾棄蓋調於泥輪調五事作而不廢行五法得此譬意五如指掌若欲造修當尋止觀云云

初明五緣者。

禪經云。四緣雖具足。開導由良師。故用五法為入道梯凳。一缺則妨事文輔行四上二云。大小兩乘以戒為本。是故先明內禁。雖嚴必資衣食。進修定慧須藉空閑處。雖空閑假絕緣務。四緣雖具開導由師文止觀大意四云。一衣食具足。離希望緣故。二持戒清淨離惡道因故。三閑居靜處離憒鬧事故。四息諸緣務棄猥雜業故。五須善知識有諮疑

地故文
一持戒清淨。如經中說依因此戒得生諸禪定及滅苦智慧。是故比丘應持淨戒。有在家。出家。大小乘不同。
法界次第上十二云戒以防止爲義文 戒疏上初云。梵音尸羅。大論云。秦言性善。亦云淸涼。以其能止破戒熱惱。從能得名。亦名波羅提木叉。譯言保解脫。又名淨命。亦言成就威儀文 如經中說者。遺教經也。輔行四上五云。引證道定。復以律儀而爲根本文 在家戒者。五戒。八戒。於五。更加不坐高廣牀。

不着花鬘衣。不往觀聽歌舞。故名八戒。出家戒者。比丘。比丘尼。沙彌。沙彌尼。式叉摩那。(此云學法女)小乘沙彌十戒。比丘二百五十戒。頌曰四重(夷)十三殘二不定。三十九十(提)四提尼(尼)一百眾學(吉)七滅諍總論二百五十戒。若論五篇者。夷(四波羅夷淫盜殺妄)殘(十三僧殘)提(三十尼薩耆九十波逸提共百二十)尼(四提舍尼)吉(突吉羅即一百眾學)若論六聚。更加偷蘭遮。若云七聚。開吉羅為惡作惡說。(結罪齊五。報劫齊六。因果雜攝齊七。蘭有三品。不入正篇。不定七滅諍篇聚不攝。亦屬吉羅。報劫齊六者。以六聚受報劫數與等活等上六獄劫數相齊。因果雜攝齊七者。以惡作惡說是吉聚之因。并前五聚之果。故為七聚。如翻譯名義)大乘即梵網十重四十八輕。

凡有心者皆得受之更有大論十戒大經十戒及五支戒通大小乘具如妙玄三末釋籤四廿四止觀四三輔行四上六

二衣食具足

止觀四五十云衣以蔽形遮醜陋食以支命塡饑瘡身安道隆道隆則本立形命及道賴此衣食此雖小緣能辦大事裸餒不安道法焉在故須衣食具足也

衣有三一者如雪山大士隨所得衣蔽形即足不游人間堪忍力成故二者如迦葉等集糞掃衣及但三

衣不畜餘長。三者多寒國土。如來亦許三衣之外畜

百一眾具。

雪山大士。絕形深澗。不涉人間。結草為席。被鹿皮

衣。無受持說淨等事。堪忍力成。不須溫厚。不遊人

間。無煩支助。此上人也。十二頭陀。但畜三衣。不多

不少。出聚入山。被服齊整。故立三衣。此中士也。多

寒國土。聽百一助身。要當說淨。趣足供事。無得多

求。多求辛苦。守護又苦。妨亂自行。復擾檀越。少有

所得。即便知足。下士也。文輔行四上廿九云。十二頭

陀等者。此云抖擻。一蘭若。二常乞食。三糞掃衣。四

一坐食五節量食六中後不飲漿七塚間八樹下坐九露坐十常坐十一次第乞十二三衣今文以十二頭陀中糞掃三衣合爲中士言三衣者但三衣也出聚落則著僧伽棃加二衣上人大衆則著鬱多羅僧加五條上入山林則唯著安陁會爲慚愧故爲多寒故許其重著皆威儀整肅長物善根故云被服齊整下根者此土多寒根性又薄大聖一許三品通開（故三衣外聽畜百一及許畜長但三衣爲上畜百一爲中畜長爲下故云通開此依律說與今少異今取雪山爲上品故）若畜百一記憶而已有云加法（薩婆多云百一之物各得畜一百一之外皆是長物言記憶者於百一物心中但自

記憶一種。謂是我物。有云加法者。加法受持。如六物圖。若畜長說淨。則加法受持。百一之外。若畜長物。定須說淨。詞云大德一心念。此是某甲長衣未作淨。為淨故。施與大德。糞掃衣者。南山云。世人所棄。無復堪用。義同糞掃。體是賤物。離自貪著。不為王賊所貪。常得資身長道。文　三衣者。一僧伽黎。此云雜碎衣。條相多故。從用則名入王宮聚落衣。二鬱多羅僧。名中價衣。從用名入眾衣。三安陀會。名下衣。從用名院內行道雜作衣。若云袈裟。此云不正色染。亦名壞色。即戒本中三種染壞。皆如法也。一者青色。二者黑色。三者木蘭色。如六物圖。若據律文。以糞掃衣。及但三衣爲上。百一爲中。餘長爲下。今文以雪山大士。被鹿皮衣爲上。故以糞掃衣但三衣爲中畜百一及畜餘長爲下。上云不畜餘長。應更云。不畜百一。下畜百一衆具。亦應更云畜餘長也

食亦有三。一者上根大士。深山絶世。菜根草果隨得資身。二常乞食。三檀越送食。僧中淨食。

止觀四之六云。一深山絶迹。去遠人民。但資甘果美水。一菜一果而已。或餌松栢。以續精氣。如雪山甘香藕等。如是食者上士也。二阿蘭若處頭陀抖擻。分衛自資。七佛皆明乞食法。方等般舟法華。皆云

乞食也。路徑若遠。分衛勞妨。若近人物相喧。不遠不近。乞食便易。是中士也。三既不能絕穀餌果。又不能頭陀乞食。外護檀越送食供養。亦可得受。又僧中如法潔淨食。亦可得受。下士也。文 輔行四下初云。分衛者。此云乞食。十住婆沙云。乞食有十利。云云 僧中淨食。仍為下根。豈可安生房中。私營別味。文

三閑居靜處。不作眾事。名閑。無憒鬧處。名靜。處有三。例衣食可知。

止觀四十七云。若深山遠谷。途路艱險。永絕人蹤。誰

相惱亂。恣意禪觀。是處最勝。二一頭陁抖擻極近三里。交往亦疎。覺策煩惱。是處爲次。三蘭若伽藍閑靜之寺。獨處一房。不干事物。正諦思惟。是處爲下。

文

四息諸緣務。息生活。息人事。息工巧技術等。

止觀四十八云。緣務妨禪。由來甚矣。蘭若比丘去喧就靜。云何營造緣務。壞蘭若行。非所應也。緣務有四。一生活。二人事。三技能。四學問。一生活緣務者。經紀生方。觸途紛糾。得一失一。喪道亂心。二人事者。慶吊俯仰。低昂造聘。此往彼來。來往不絕。三技能者。醫方卜筮泥木彩畫碁書呪術等是也。四學問者。讀誦經論問答勝負等是也。領持記憶。心勞志倦。言論往復。水濁珠昏。何暇更得修止觀耶。此事尚捨。況前三務。文今云等者。等於學問也。

五近善知識有三。一外護善知識。二同行善知識。三教授善知識。

止觀四九十云。夫外護者。不揀白黑。但能營理所須。如母養兒。如虎銜子。調和得所。舊行道人乃能為耳。是名外護。二同行者。更相策發。不眠不散。日有其新。切磋琢磨。同心齊志。如乘一船。互相敬重。如

覩世尊。是名同行。三教授者。內外方便。通塞妨障
皆能決了。善巧說法。示教利喜。轉破人心。於諸方
便自能決了。可得獨行。妨難未諳。不宜捨也。文教
授者。輔行四下六云。宣傳聖言。名之為教。訓誨於
我名之為授。文通名善知識者。法華疏云。聞名為
知見形為識。是人益我菩提之道。名善知識。文
第二訶五欲。一訶色。謂男女形貌端嚴。脩目高眉。丹
唇皓齒。及世間寶物。玄黃朱紫。種種妙色等。
止觀四十二云。五塵非欲。而其中有味。能生行人須
欲之心。故言五欲。常能牽人。入諸魔境。雖具前緣。

攝心難立。是故須訶。乃至此五過患者。色如熱金丸。執之則燒。聲如塗毒鼓。聞之必死。香如憋龍氣。齅之則病。味如沸蜜湯。舌則爛。如蜜塗刀。舐之則傷。觸如臥師子。近之則齧。上代名僧詩云。遠之易爲士。近之難爲情。香味頽高志。聲色喪軀齡。文五中皆有依正二報。

二訶聲。謂絲竹環珮之聲。及男女歌詠聲等。

絲竹者。絲曰絃。竹曰管。具有八音金石絲竹。匏土革木。環珮者。在指者爲環。珮謂珮帶。並是飾女身者。歌詠者。止觀四廿一云。即是嬌媚妖詞婬聲染語。

文輔行四下二十引提波延那仙人聞舍脂語失通五百仙人在雪山中住聞甄迦羅女歌聲失諸禪定云云

三訶香謂男女身香及世間飲食香等

輔行四下三十云人謂著香少過今則不然開結使門杜眞正路百年持戒能一時壞文

四訶味謂種種飲食肴饍美味等

輔行四下二十二云以著味故當授洋銅灌口以著味故墮不淨中文

五訶觸謂男女身分柔㬉細滑寒時體溫熱時體涼

及諸好觸等。

輔行四下三十云。觸欲者。生死之本。繫縛之緣。何以故。餘欲於四根各得其分。惟此觸欲。徧滿身受。生處廣故。多生染著。此著難捨。若墮地獄。還以身觸受苦萬端。此觸名為大黑暗處。文

第三棄五蓋。謂貪欲。瞋恚睡眠掉悔疑。

止觀四之廿二云。通稱蓋者。蓋覆纏綿心神昏暗。定慧不發故名為蓋。前訶五欲乃是五根對現在五塵發五識。今棄五蓋。卽是五識轉入意地。追緣過去。逆慮未來。五塵等法。為心內大障。乃至貪欲蓋起。

追念昔時麤弊五欲、思想計校。心生醉惑、忘失正念等。瞋恚蓋者、追想是人惱、我惱我親、稱歎我怨。三世九惱、怨對結恨。心熱氣麤、忿怒相續等、睡眠蓋者。心神昏昏為睡、六識暗塞、四支倚放為眠。眠名增心數法。烏暗沈塞。密來覆人、難可防衛等。掉悔者、若覺觀偏起、屬前蓋攝、今覺觀等起、徧緣諸法。作緣貪欲、又想瞋恚、及以邪癡、欲欲不停。卓卓無住。作起作伏、種種紛紜、身無趣遊行、口無益談笑、是名為掉。掉而無悔、則不成蓋、以其掉故。心地思惟、謹慎不節、云何乃作無益之事。實為可恥、心中憂悔懊結繞心則成悔蓋疑蓋者此非見諦障理之疑乃是障定疑也疑有三種一疑自者謂我身底下必非道器是故疑自二疑師者此人身口不稱我懷何必能有深禪好慧師而事之將不悞我三疑法者所受之法何必中理三疑猶豫常在懷抱禪定不發設發永失此是疑蓋之相也若貪欲蓋重當用不淨觀棄之若瞋恚蓋多當念慈心滅除恚火若睡蓋多者當勤精進策勵身心若掉散者應用數息若三疑在懷當作是念我身即是大富盲兒具足無上法身財寶煩惱所翳道眼未

開。要。當修治。終。不放捨。又無量刦來習因何定。豈
可自疑失時失利。若疑師者。我今無智上聖大人
皆求其法。不取其人。若疑法者。我法眼未開。未別
是非。憑信而已。佛法如海。唯信能入。文

第四調五事。謂調心。不沉不浮。調身。不緩不急。調息
不澁不滑。調眠。不節不恣。調食。不饑不飽。

止觀四九廿云。土水不調。不任爲器。五事不善。不得
入禪。眠食兩事。就定外調之。三事就入出住調之。
調食者。增病增眠增煩惱等食。則不應食也。安身
愈疾之物。是所應食。略而言之。不饑不飽。是食調

相調眠者眠是眼食不可苦節增於心數損失工夫復不可恣上訶蓋中一向除棄爲正入定障故此中在散心時從容四大故各有其意略而言之不節不恣是眠調相三事合調者三事相依不得相離初入定時調身令不寬不急調息令不澁不滑調心令不沉不浮調麤入細住禪中隨不調處覺當檢校調使安隱若出定從細至麤備如次第禪門也文 輔行四下三卄云故禪門中調身云夫坐者須先安處使久無妨若半跏以左壓右牽來近身使與左右髀齊若欲全跏更必右以壓左寬衣

帶周正身勿令坐時更有脫落手以左壓右重累相當置右脚上亦令近身當心安置挺動支節七八許度如按摩法勿曲勿聳正頭直項令鼻對臍不偏邪不低昂身如矸石無得騷動無寬急過是身調相調息者身既調已次開口吐胸中氣自恣而出使身中百脈處皆悉隨氣出次閉口鼻中納清氣如是至三若息已調一度亦足次閉口唇齒纔相拄舌向上齶閉眼纔令斷外光次簡息風氣息若調者則易入定次調心者一者調亂令不越逸二者調心令沉浮得所若心沉時繫念鼻端若

心浮時安心向下。云
云

第五行五法。一欲欲離世間一切妄想顛倒。欲得一切諸禪定智慧門故。二精進堅持禁戒棄於五蓋。初中後夜勤行精進故。三念念世間欺誑可輕可賤。禪定智慧可重可貴。四巧慧籌量世間樂禪定智慧樂得失輕重等。五一心念慧分明明見世間可患可惡。善識禪定智慧功德可尊可貴。

止觀四一三十云。上二十法雖備。若無樂欲希慕。身心苦策。念想方便。一心決志者。止觀無由現前。若能欣習無厭。曉夜匪懈。念念相續。善得其意。一心

無異。此人能進前路。一、心譬舡栰。巧慧如點頭。三
種如篙櫓。若少一事。則不安穩。文
此二十五法。爲四教前方便。故應須具足。若無此方
便者。世間禪定。尚不可得。豈況出世妙理乎。然前明
教。旣漸頓不同。方便亦異。依何教修行。臨時審量耳。
止觀四末云。此二十五法。通爲一切禪慧方便。諸
觀不同。故方便亦轉。譬如曲弄。旣別。調絃亦別」文
次明十乘觀法。亦四教名同義異。今且明圓教。餘教
例此。
大本十乘。雖通四教。但十法名同。偏圓義異。今揀

偏明圓故云且明圓教輔行五上廿六云觀法非十
對根有殊雖復根殊但是一不思議觀觀不思議
境乃至離愛不離境故又次位下三雖非觀法並
由觀力相從名觀故名十觀又備此十令觀可成
故名成觀亦名成乘前之四法用無前後通塞等
三成就前四次位等三以判前七文輔行七下廿七
云故知前七正明車體及以具度後三只是乘之
所涉若無所涉運義不成是故十法通名乘也文
一觀不思議境謂觀一念心具足無減三千性相百
界千如即此之境即空即假即中更不前後廣大圓

猶橫竪自在。故法華經云。其車高廣。上根正觀此境

此初乘觀忘能所。故從境受名。又爲九乘本。稱本

修九。方堪入位。謂觀一念心等者。即現前陰妄一

刹那心。稱性而觀。具三千法。不唯三科揀境明一

念心。正當於此揀思議心。取不思議心也。故妙樂

一云。揀境及心。光句記一云。須去思議。取不思議

方名揀心。文即達陰境成不思議境也。旣云三千

性相。復云百界千如者。以三千法約百界千如歷

三世間而論也。即此之境等者。即境爲觀。即空假

中。境觀不二。三一互融。更不前後。亦不一時。不縱

不橫絕思絕議。此境周徧。故廣大。無法不備。故圓滿。橫周十界。豎徹三諦。橫豎相卽。故云自在。法華車體。其在是歟。其車高廣。文句五廿七云。假名車有高廣相。譬如來知見深遠。橫周法界之邊際。豎徹三諦之源底。文 上根等者。義例云。上根之人。卽於境種而生於果。爲中下根。復論九乘大意云。又此十法。雖俱圓常。圓人復有三根不等。上根唯一法中根二或七下根方具十。文 然此不思議境。在止觀中。具明三境。一性德境。觀一念心具三千法。二修德境。推本具心離四性計。三化他境。解離四性無妨四說。蓋卽性德而爲修德。如輔行云。其實但推本具理心。文當修德時而有化他之解。非卽說法也。如輔行云。初心依理生解。與起教後心不同。文雖分三境。只在一心用觀推求。正在修德。蓋末代行者。離四句外無修觀處。今文云具足無減等。卽性德也。卽空假中卽性而修也。如義書第二義云心具三千是假。比之三千假觀非法性自生無明他生自他共離而造故。空觀約此空假。遮照不偏名爲中道。文又輔行釋修德云。不得而得。三諦宛然。文不得者。空觀遮情也。而得者。假觀照性也。遮照不偏。中道

在焉。今缺明化他境者。修德離四性時。而有無妨
四說之解。即化他也。
二眞正發菩提心。謂依妙境。發無作四弘誓願。憫已
憫他。上求下化。故經云。文於其上張設幰蓋。
輔行五中十四問。應先起誓後觀妙境。何故境後方
云發心。答境前非不發心。具如五略中意。今發重
爲成觀故。須緣理益他。文　大意五云。觀境不悟。須
加發心。此人無始已起弘誓。今由觀境不契於理
重須發誓。於靜心中。思惟彼我。鯁痛自他無量劫
來。沉迴生死。縱發小志。迷菩提心。我今雖知。行猶

未備。故重發誓言等。文 張𢡟蓋者。文句五廿七云。譬
四無量衆德之中慈悲最高。普覆一切也。
三善巧安心止觀。謂體前妙理常恆寂然。名爲定。寂
而常照。名爲慧。故經云。安置丹枕。車內 枕
輔行五中七十云。善以法性自安其心。故云安心。文
大意六云。安心者。先總次別。所言總者。以法界爲
所安。以寂照爲能安。若知煩惱。及以生死。本性清
淨。名之爲寂。本性如空。名之爲照。照此煩惱生死。復
名法界。卽此法界體用互顯。體是所安之法界。用
是能安之寂照。所言別者。雖復安之。彌暗彌散。良

由無始習性不同。故今順性。遂而安之。謂宜聽宜思。宜寂宜照。隨樂隨治。隨第一義。何以故。有因寂照而善根增長。有不增長。有因寂照煩惱破壞。或有不破。見理亦然。或聞思而回轉。或聞思相資。未可卒具。細尋方曉。文 今文略明總安心。故云常恆等也。安置丹枕者。文句五廿七云。若車內枕者。休息身首。譬一行三昧。息一切智。一切行也。丹卽赤光。譬無分別法也。妙樂六廿四云。智首行身。三昧如枕。所息得理。法理而然。赤光等者。無他法門。名無分別。以光譬智。故云智光。朱正紫間。故以赤表無雜之光。南山注經音云。西方無木枕。皆以赤皮內著綿毛用倚卧也。赤而且光。文輔行七下廿七云。若車內枕休息眾行。卽安心也。

四破法徧謂以三觀破三惑。三觀一心無惑不破。故經云其疾如風。

大意七云。眾教諸門。大各有四。乃至八萬四千不同。莫不並以無生爲首。今且從初於無生門徧破諸惑。復以無生度八餘門。縱橫俱破。令識體徧。文輔行七上十八云。令一心具三破次第之三。故云一心三觀。破豎通塞。三觀一心。能破橫者。彼橫三觀離屬三人。並在初心故三不合一。今以三只是一。
破彼分張之三。故云三觀一心破橫通塞。應知一
心三觀。與三觀一心。言互理同。爲破橫豎。翻對而
說。文入正道中行。速疾到薩婆若。故其疾如風。
五識通塞。謂苦集十二因緣。六蔽塵沙。無明。爲塞。道
滅滅因緣智。六度。一心三觀爲通。若通須護有塞須
破於通起塞能破如所破。節節檢校。名識通塞。經云。
安置丹枕。車外枕
大意七云。雖知生死煩惱爲塞。菩提涅槃爲通。復
應須識於通起塞。此塞須破。於塞得通此通須護。

如將爲賊。此賊豈存。若賊爲將。此將豈破。節節檢校。無令生著。著故名塞。破塞存通。非唯一轍。有心皆爾。念念常須檢校通塞。文 安置丹枕者。文句五廿七云。車若駕運。隨所到處。須此支昂。譬卽動而靜。卽靜而動。文 妙樂六廿四云。丹枕云支昂者。卽車外枕。車住須支。支之恐昂。故云支昂。支持也。昂舉也。譬動靜相卽者。車行枕閑。卽動而靜車息枕用。卽靜而動用時常靜。閑時常動。實體與用。亦復如是。自因之果。法性無動。所以如風不移。寂然而到。萬行無作。衆智莫觀。此則三德。俱不二也。以三卽一。故使爾耳。

文輔行七下廿七云。若車外枕。或動或靜。動靜祇是通塞義也。文

六道品調適。謂無作道品一一調停。隨宜而入。經云。有大白牛等。已上五中根

大意七云。約門偏破於理。又昧。應須七科次第調試。若不爾者。此之道品。爲誰施設。以破偏門。雖觀陰境。陰上未分。念處名故。況有六科。展轉調停。故用此門。檢校銓擇。文　實相爲車體。道品爲前導。故喻白牛。白牛等者。等於經中膚色充潔。形體姝好。有大筋力。行步平正文也。大意以中根至七乘。今

至第六者。以正助分中下也。

七對治助開。謂若正道多障。圓理不開。須修事助。謂五停心。及六度等。經云。又多僕從。此下爲下根

大意八云。七助道對治者。涅槃云。眾生煩惱非一種。佛說無量對治門。夫不信有對治之人。當知此人未曉正行。若識已身正行未辦。良由事惡助於理惡。其蔽理善。令不現前。事惡若去。理善易明。故先修事度。以治事惡。事惡傾已。理善可生。文

八知位次。謂修行之人。免增上慢故。

大意八云。下根障重。非唯正助不明。却生上慢。謂

已均佛。未得謂得。未證謂證。須知次位。使朱紫不濫。若未證得。而謂證得。非唯失位。却墮泥犂。故小乘經中四禪比丘。謂爲四果。大乘經中魔與菩薩。授跋致記。若生取著。必同魔屬。尚失人天。何關至道。故大小經論。咸明次位。文　於此知位次中彌修五悔。

九能安忍。謂於逆順安然不動。策進五品。而入六根。大意九云。圓頓行人初入外凡。外招名利。內動宿障。宿障縱薄。名利彌至。爲眾圍繞。廢損自行。因茲破敗。豈能進道。外人視之。猶謂大聖。如樹抱蝎。表似內虛。唯當自勉。不爲所動。得入內凡。名爲似位。

文謂於逆順等者。逆是煩惱業定見慢等。從內來破者。當以內三術治之。謂空假中也。順則名譽羅罥。利養毛繩。眷屬集樹。妨蠹內侵。枝葉外盡。從外來破者。當以外三術去之。一莫受莫著。二縮德露玼。三一舉萬里。如止觀七三十二

十無法愛。謂莫著十信相似之道。須入初住眞實之理。經云。乘是寶乘。游於四方。游四十位直至道場。妙覺位大意九云。若專住似位。名爲法愛。已得相似。六根互用。已破兩惑。永無墜苦。愛此似位。名爲頂墮。若

修離愛。進入銅輪。名爲十住。分身百界。一多相卽。
　身土既爾。已他亦然。十身利生。四土攝物。文
謹按台教廣本。抄錄五時八教。略知如此。
　此結所錄。五時八教。天台判釋儀式也
若要委明之者。請看法華玄義十卷。委判十方三世
諸佛。說法儀式。猶如明鏡。
　所判聖教。一期施化之相也
及淨名玄義中四卷全判教相。
　妙樂一十七云。淨名前玄。總有十卷。因爲晉王著淨
名疏。別製略玄。乃離前玄。分爲三部。別立題目。謂

四教六卷。四悉兩卷。三觀兩卷。後人合六爲四。今
云淨名玄義中。四卷是也。
自從此下。略明諸家判教儀式耳。
今依大本玄義抄錄綱要彼文今師判教之後備
敘諸家今略去而不明也如是則顯上一書判釋
儀式今在天台然所判是如 法儀式能判是
大師判教儀式兩種不分而分須善識焉

天台四教儀集註卷第十終

浙江南潯鎮劉安濤敬刻

天台四教儀集註全部

此書連圈計字十萬零五千六百九十五個

合洋壹百九十元零二角五分

又圖像一張洋二元

又書簽四条洋四角

又板架三張洋四元五角

總共計洋壹百九十七元一角五分

光緒三十四年冬月

揚州藏經院謹識

國家圖書館出版品預行編目資料

天台四教儀集註 / 蒙潤大師著. -- 初版. -- 新北市：
華夏出版有限公司, 2024.03
面； 公分. --（圓明書房；043）
ISBN 978-626-7393-01-7（平裝）
1.CST：天臺宗 2.CST：注釋

226.42 112016577

圓明書房 043
天台四教儀集註

著　　作　蒙潤大師
印　　刷　百通科技股份有限公司
　　　　　電話：02-86926066 傳真：02-86926016
出　　版　華夏出版有限公司
　　　　　220 新北市板橋區縣民大道 3 段 93 巷 30 弄 25 號 1 樓
　　　　　電話：02-32343788 傳真：02-22234544
E-mail：　pftwsdom@ms7.hinet.net
總 經 銷　貿騰發賣股份有限公司
　　　　　新北市 235 中和區立德街 136 號 6 樓
　　　　　電話：02-82275988 傳真：02-82275989
　　　　　網址：www.namode.com
版　　次　2024 年 3 月初版—刷
特　　價　新臺幣 750 元（缺頁或破損的書，請寄回更換）

ISBN-13：978-626-7393-01-7